21세기 신학 시리즈 ④

누가복음 신학

마크 A. 포웰 지음
배용덕 옮김

기독교문서선교회

What Are They Saying about Luke?

Written by
Mark Allan Powell

Translated by
Yong-Duk Bae

Copyright © 1989 by Mark Allan Powell
Originally published in English under the title as
What Are They Saying About Luke? by Mark Allan Powell
Translated and used by Paulist Press
997 Macarthur Blvd., Mahwah, New Jersey 07430, U. S. A.

All rights reserved.

Korean Edition
Copyright © 1995, 2017 by Christian Literature Center
Seoul, Korea

머리말

누가복음이 기독교에 끼친 영향을 이해하는 한 가지 방식은 마치 누가복음이 존재하지 않았을 경우를 한번 상상해 보는 일이다. 우리가 목자나 혹은 구유에 아기가 없는 크리스마스를 상상해 볼 수 있겠는가? 또한 마리아의 찬가(Magnificat), 영광송(Gloria), 사가랴의 예언(Benedictus) 그리고 시므온의 찬양(Nunc Dimmitis) 등이 없는 예배를 상상해 볼 수 있겠는가? 그리고 승천이나 오순절이 없는 교회력을 생각해 볼 수 있겠는가? 우리가 잃어버렸을 아름다운 성경 이야기들이 얼마나 많았겠는가? 가령 삭개오 이야기, 탕자 이야기, 선한 사마리아인의 비유…이 모든 이야기들이 영영히 사라졌을 것이다.

프랑스의 합리주의자 르낭(Renan)은 이 복음서를 "세상에서 가장 아름다운 책"으로 불렀다.[1] 그러나 1966년에 한 현대의 학자는 분명히 보다 덜 감상적인 말로 이 복음서를 묘사하였다. 그는 이 복음서를 현대 신학계에서 "폭풍의 중심"(a storm center)으로 지칭하였다.[2] 이러한 칭호는 충격을 가져다 주었다. 현대의 학자들 사이에 이 "아름

---

1) Ernest Renan, *Les Evangiles et la seconde generation Chretienne*. 14th ed. (Paris: Calman Levy, 1923), p. 283

2) W.C. van Unnik, "Luke-Acts, A Storm Center in Contemporary Scholarship," in *Studies in Luke-Acts*, ed. by Leander Keck and J. Louis Martyn (Philadelphia: Fortress Press, 1980: origihally published in 1966).

다운 책"의 거의 모든 측면에 대해 여러 가지 문제가 제기되었다. 즉 이 책의 저자의 의도와 상황에 대한 논제들, 심지어는 이 저작 그 자체의 성격에 대한 문제까지도 제기되었다.

이 책의 목적은 독자들에게 이러한 문제들 중 몇 가지를 소개하고 아울러 현대 학자들이 누가복음에 대해 연구하고 있는 경향들을 알려주는 것이다. 대체로 논의를 위해 여기에서 채택된 주제들은 현재 학계의 문헌에서 가장 관심을 끌고 있는 것들이다. 때때로 독자들은 이들 학자들이 어떤 사항에 대해 동의하고 있는지 의아해 할지도 모르겠지만, 그러나 이러한 느낌은 무엇보다도 부분적으로 논쟁 중에 있는 문제들이 당연히 가장 많이 토론되고 있는 문제들이라는 사실에 의해 좌우된다. 또한 지각이 있는 독자들은 다양한 견해들이 반드시 서로간에 배타적인 것은 아니라는 것을 알게 될 것이다. 그렇다 할지라도 누가복음에 대한 수많은 다양한 견해들이 있으며, 그리고 "폭풍의 중심"이라는 명칭이 여전히 적절하다는 것이 받아들여져야 한다.

이 개관서의 전반적인 의도는 특별한 책들을 살펴보거나 추천하고자 하는 것이라기보다는 오히려 누가복음을 연구하는 학계의 경향을 파악하고자 하는 것이다. 여전히 이러한 경향들을 살펴보는 가장 좋은 방법은 출판된 대표적인 문헌들의 표본들을 자주 살펴보는 일이다. 그러나 이러한 접근법이 철저한 것은 아니다. 왜냐하면 각 문제마다 논의될 수 있는 다른 문헌들이 많이 있기 때문이다.

1장에서는 여러 가지 목적을 염두에 두고서 이 복음서에 접근하는 학자들에 의해 사용되는 누가복음에 대한 여러 가지 방법론적인 접근 방법을 생각해 보기로 한다. 2장에서는 누가복음의 구성에 있어서 누가가 사용하고 있는 자료에 관한 지배적인 이론들을 설명하고자 한다. 3장은 무엇보다도 왜 누가가 그의 복음서를 썼는가 하는 문제를 말하고 있다. 말하자면 그러한 작업을 착수하도록 재촉한 그의 공동체가 어떤 것들을 필요로 하였는가 하는 것이다. 4장은 말할 것도 없이 누가 연구에 있어서 주요 신학적 문제들이 무엇인가에 대해 할애하고 있다. 말하자면 기독론(christology), 종말론(eschatology), 그리고 구원사(salvation history) 등이다. 5장은 그럼에도 불구하고 상당한 관심을 받고 있는 보다 덜 전통적인 문제들에 초점을 맞추고 있다. 즉 누가복음의 정치적 및 사회적 함축성이다. 마지막으로 6장은 제자도와 그리스도인의 삶에 대한 누가의 견해와 관련있는 문제들을 다루고 있다.

비록 누가의 두 번째 책(즉 사도행전)에 대한 연구에 근거한 통찰력을 숙고하는 일이 때때로 필요하다 해도 본서의 초점은 어디까지나 누가복음이다. 세 번째 복음서 저자가 사도행전의 저자라는 것이 오늘날 하나의 정설처럼 받아들여지고 있다. 그리고 이 책에서 논의되고 있는 많은 학문적인 내용이 두 저작 모두와 관련이 있는 결론에 근거하고 있다. 그럼에도 불구하고 여기서 적절한 해결책으로 받아들일 수 없는 사도행전 연구와 관계있는 어떤 논쟁점들이 있다. 간단히 말해서 사도행전을 "누가복음에 대한 하나의 주석"으로 사용하고자 하는 연구에 관심을 기울인적이 있으나, 반드시 누가복음을 "사도행전에 대한 하나의 주석"으로 사용할 필요는 없다.[3]

나는 이 책이 독자들로 하여금 논쟁으로 휘말려 들어가지 않고 학자들이 누가복음에 대해 말한 것을 단순히 알고 싶도록 흥미를 자아내었으면 하는 것이 나의 바램이다. 또 다른 한편으로 보다 진지한 학생들에게는 아울러 이 책이 좀더 깊은 연구를 하기위한 하나의 자극이 되어 도움이 되었으면 하는 것이 나의 소망이다. 여기에서 제시된 모든 학자들의 논의는 면밀하고 상세한 주석적 연구에 바탕을 두고 있으며 또한 각 입장에 대해 모든 증거를 들이대는 일은 가능하지 않다. 따라서 학생들은 단지 여기서 제시된 내용을 근거로 하여 다양한 견해들을 평가하려고 해서는 안되고, 학자들에게로 직접 달려가서

---

3) Charles Talbert는 그의 논문인 "Discipleship in the New Testament, ed. by Fernando F. Segovia(Philadelphia: Fortress Press, 1985), pp. 62-75에서 이 두 책이 서로에 대해 주석으로 읽혀져야 한다고 주장하였다.

그들의 저작을 보다 상세하게 살펴보도록 격려하고자 하는 것이다. 물론 나는 나의 모든 독자들이 누가에게로 가서 아름다운 것들이 남아있는(논쟁의 중심이든 아니든 간에) 것들에 대해 새로운 관심사와 새로운 통찰력, 그리고 새로운 이해력을 가지고 그의 복음서를 읽었으면 하는 것이 나의 바램이다.

나는 로렌스 보앗트(Lawrence Boadt)와 또한 이 연구를 출판하도록 나에게 기회를 허락해 준 Paulist 출판사와 그리고 내가 이러한 작업을 하는데 도움이 되도록 나에게 공동체 및 학문적인 여건을 허락해 준 오하이오 콜럼버스에 있는 Trinity Lutheran Seminary에 대해 감사를 드린다. 특히 이 원고를 타이프치고 또 교정해 준 멜리사 커티스(Melissa Curtis)에게도 감사를 드린다.

역자 서문

 누가가 쓴 두 권의 책, 즉 누가복음과 사도행전은 그 분량이 신약성경 전체의 약 25%에 해당한다. 이는 바울이 쓴 서신들의 분량과 거의 맞먹는다. 하지만 누가행전은 바울서신 만큼이나 주목을 받지 못하고 있다. 그러나 최근에 누가행전에 대한 많은 연구가 행해지고 있는 것은 신약성경의 전체 메시지를 균형적으로 이해하는데 있어서 매우 고무적인 일이다.
 본서의 원제는 Mark Allan Powell이 쓴 What are they saying about Luke?이지만 『누가복음의 신학』이라는 제목을 나름대로 붙여보았다. 이 책의 짝인 What are they saying about Acts?와 같이 읽는다면 누가의 저작을 전체적으로 이해할 수 있을 것이다.
 이 책의 특징은 최근 누가복음에 대한 연구에서 논의되고 있는 중요한 주제들을 평이하고도 간단하게 서술했다는 점이다. 오늘날 많은 그리스도인 독자들이 두껍고 방대한 책보다는 간단하면서도 쉬운 책을 선호는 경향이 있는데, 그런 점에서 이 책은 현대 독자들의 성향에 적합할지도 모른다. 그러나 작다고 해서 그 내용까지도 그런 것이 아니다. 이 책은 간단하지만 반드시 논의해야 하는 핵심적인 내용들을 언급하고 있는 비중있는 책이라고 할 수 있다.
 따라서 이 책의 독자들은 성경을 더 깊이 알기를 원하는 그리스도인들을 포함하여 신학생, 목회자, 그리고 누가복음을 가르치는 교사들이다. 누가가 그의 복음서를 쓰게 된 것도 누가 당시의 상황과 그리고 누가 공동체의 삶의 정황에 대한 깊은 고려와 직접 맞물려 있듯이, 우리도 오늘날 우리들의 상황과 교회의 상태를 염두에 두면서 이 복음서를 읽고 연구해야 할 것이다.

오늘날 그리스도 교회의 왜곡된 모습을 바로잡아 교회의 본래적인 모습을 회복하는데는 그 무엇보다, 그 어떤 방법론보다 성경의 메시지 자체로 돌아가는 일이다. 오늘날 실용적인 의도를 가지고 직접적인 효과를 단시일에 얻으려고 하는 책이 성경의 메시지 그 자체를 다루고 있는 책보다 더 인기가 있다는 것은 오늘날 그리스도인들과 교회의 모습을 반영한다. 누가가 당시의 그리스도인들과 교회를 위해 예수님의 복음을 썼듯이, 오늘날에도 그리스도의 복음은 우리들에 대해 여전히 유효하고 타당하며 그리고 적절하다.

비록 이 책이 작지만 성경을 깊이 사랑하고 또한 교회를 사랑하는 이들이 읽고서 약간이나마 유익이 되었으면 하는 바이다. 최근 미국에서 발간된 이 책의 번역 출판을 허락해 주신 기독교문서선교회 박영호 목사님과 이 책이 나오기까지 애쓴 모든 직원들에게, 그리고 이 책의 한국어판 번역을 허락해 준 미국의 Paulist 출판사에게도 감사를 드린다.

1995년 2월
배 용 덕

목 차

- 머리말
- 역자 서문
- 약어표

제1장 누가: 역사가, 신학자, 예술가 / 15
    역사가 누가 / 16
    신학자 누가 / 19
    예술가 누가 / 21
    결론 / 26

제2장 누가복음의 구성 / 31
    저자 / 31
    누가의 마가복음 사용 / 33
    누가의 Q 자료 사용 / 38
    두 자료 가설에 대한 도전들 / 46
    누가 특수 자료 / 51
    누가복음과 사도행전 / 59
    결론 / 61

제3장 누가 공동체의 관심사들 / 63
    파루시아의 문제 / 63
    거짓 교훈 / 68

환난(Tribulation) / 70
유대인과 이방인 / 75
결론 / 83

제4장 누가복음에서의 그리스도와 구원 / 87
기독론적 칭호들 / 88
그레코-로마 세계에서 나온 모형들 / 91
구약성경에서 나온 모형들 / 94
예수의 죽음의 의미 / 97
예수의 부활과 승천의 의미 / 101
구원사와 종말론 / 107
결론 / 111

제5장 누가복음에서의 정치적 및 사회적 문제들 / 115
정치적 변증 / 116
혁명으로의 요청 / 119
평화를 위한 탄원 / 123
불우한 사람들에 대한 관심 / 126
여성의 새로운 역할 / 129
부자와 가난한 자에 대한 메시지 / 134

결론 / 139

제6장 누가복음에서의 영적 및 목회적 관심사들 / 141
    제자도 / 142
    구원의 말씀 / 144
    성령 / 147
    기독교 공동체 / 151
    결론 / 163

- 맺음말
- 더 깊은 연구를 위하여

약어표

AB	Anchor Bible
AnBib	Analecta Biblica
ANQ	*Andover Newton Quarterly*
BBB	Bonner Biblishe Beiträge
BTB	*Biblical Theology Bulletin*
BToday	*Bible Today*
BWANT	Beiträge zur Wissenschaft vom Alten und Neuen Testament
BZ	*Biblische Zeitschrift*
BZNW	Beihefte zur Zeitschrift für die neutestamentliche Wissenschaft
CBQ	*Catholic Biblical Quarterly*
CHSP	*Center for Hermeneutical Studies Protocol Series*
DG	*Drew Gateway*
EBib	Etudes bibliques
EH	Europäische Hochschulschriften
FRLANT	Forschungen zur Religion und Literatur des Alten und Neuen Testament
GNS	Good News Studies

JAAR	*Journal of the American Academy of Religion*
JBL	*Journal of Biblical Literature*
JSNTSS	Journal for the Study of the New Testament Supplement Series
MBS	Message of Biblical Sprituality
NIC	New International Commentary
NRT	*La nouvelle revue théologique*
NTSMS	New Testament Studies Monograph Series
PC	Proclamation Commentaries
SANT	Studien zum Alten und Neuen Testament
SB	Stuttgarter Bibelstudien
ScEsp	*Science et esprit*
SNTSMS	Society for New Testament Studies Monograph Series
SNTU	Studien zum Neuen Testament und seiner Um-welt
SNTW	Studies of the New Testament and Its World
StNeo	Studia neotestamentica
SZNT	Studien zum Neuen Testament
TB	*Tyndale Bulletin*
TI	Theological Inguiries
TJ	*Tririty Journal*
TToday	*Theology Today*
USQR	*Union Seminary Quarterly Review*
ZNW	*Zeitschrift für die neutestamentliche Wissenschaft*

제 *1*장
누가: 역사가, 신학자, 예술가

"누가복음"은 여러 분야의 관심사를 가지고 있는 광범위한 다양한 사람들에 의해 읽혀졌다. 역사가들은 종종 로마제국에서의 삶에 대한 상세한 내용을 얻기 위해 또는 1세기의 기독교 시대 동안 팔레스틴의 상황에 대한 정보를 얻기 위해 페이지마다 철저하게 살펴보고 있다. 사회학자들은 언젠가는 주요한 세계적 종교가 될 한 사회운동의 이러한 초기 산물에 매료되어 있다. 설교자들은 설교를 하기 위해 풍부한 자료를 이 복음서에서 찾고 있으며, 심지어 가장 세속적인 독자들까지도 이 복음서의 이야기들을 음미하고 있을 정도이다.

물론 그리스도 교회에서는 누가복음에 대한 주요 관심이 성경으로서의 역할에 있다고 생각하지만, 그럼에도 불구하고 다양한 방식으로 연구되어 왔다. 말하자면 오늘날 누가복음을 연구하는 사람들에게는 여러 가지 방법론적인 접근들이 제공되어 있다. 예를 들면 자료비평(source criticism), 양식비평(form criticism), 편집비평(redaction criticism), 설화비평(narrative criticism), 구조주의(structuralism), 사회학적 해석(sociological exegesis) 등이다.[1]

---

1) 이러한 것들과 그 밖의 접근법에 관한 설명에 대하여는 Christopher

이러한 다양성은 비록 복잡하긴 하지만 성경해석학을 풍성하게 만든다. 오래된 본문도 더 이상 케케묵은 것으로 보이는 위험에 처해있지 않다. 이들은 끊임없이 새롭고도 다양한 방식으로 해석되고 있는 것이다.

이 장은 누가(Luke)에 대한 세 가지 주요한 접근들의 대표적인 것, 말하자면 이 복음서 저자를 역사가(historian)로, 신학자(theologian)로, 그리고 문학적 예술가(literary artist)로 생각하는 관점들을 살펴보고자 한다.

역사가 누가

최근까지 누가복음은 기독교 기원의 역사인 사도행전과 더불어 읽혀졌다. 이 두 권의 책은 예수님과 그의 최초의 추종자들의 삶 가운데 일어났던 것을 재구성하는데 막대한 정보의 보고가 있는 것으로 여겨졌다. 그러나 지금은 역사적 연구를 수행하는데 있어서 새로운 역사의식과 세밀한 비평적 방법론들이 도입되었다. 역사가 누가는 곤경에 처해 있다.[2]

물론 이 저작 자체의 성격에 문제가 있다. 상당히 대담한 방식으로 굉장한 기적들의 행위와 천사 및 마귀들의 희한한 사건들을 보도하는 설화들이 오늘날에도 역사적인 사실로 읽혀질 수 있는가? 하지만 초자연적인 것을 특별히 좋아한다는 것은 별도로 하고, 역사가로서 누가의 역량은 의심을 받고 있다.

Tuckett, *Reading the New Testament: Methods of Interpretation*(Philadelphia: Fortress Press, 1987); Raymond Collins, *Introduction to the New Testament*(Garden City, NY: Doubleday, 1983)을 보라.

2) 누가를 역사가로 보는 태도에 대한 탁월한 개관은 C. K. Barrett, *Luke the Historian in Recent Study*(London: Epworth Press, 1961)에서 볼 수 있다.

예를 들면, 사도행전 15장에 있는 예루살렘 총회(the Jerualem council)에 대한 누가의 기록과 그리고 갈라디아서 2장에서 실제로 그곳에 있었던 사람이 말하고 있는 기록 사이에 여러 가지 차이점들이 있다. 아울러 누가의 팔레스틴 지리에 대한 지식은 때때로 매우 부적절하며 그리하여 한 유명한 학자는 "예수님의 행로는 어떤 지도를 가지고도 재구성될 수 없으며 여하튼 누가는 한 개의 지도도 소유하지 않았다"고 말하기에 이르렀다.[3]

뿐만 아니라 역사를 기록하는 것이 정말로 누가의 의도였는가 하는 것도 의심스럽다. 즉 누가는 선포하기 위해, 설득하기 위해, 그리고 해석하기 위해 기록했다는 것이다. 말하자면 누가는 후손을 위해서 기록을 남기기 위해 쓴 것이 아니라는 것이다. 이렇게 이해하는 것은 많은 사람들에게 있어서 역사가 누가의 관에다가 못을 박는 일이었다. 만일 누가가 역사를 기록하려고 했다면, 그는 매우 엉성하게 기록하고 있는 것이다. 하지만 누가는 역사를 쓸려고 하지 않았다. 누가는 신학자이지 역사가는 아니다.

한 학자는 이러한 이분법에 만족스럽게 생각하지 않고 있는데, 그는 바로 하워드 마샬(I. Howard Marshall)이다. 그의 책 『누가: 역사가이며 신학자』(Luke: Historian and Theologian)라는 제목은 그의 입장을 나타내고 있다.[4] 누가가 신학자(theologian)라는 것에 대해 마샬은 동의하지만 그는 또한 역사가(historian)라는 것이다. 분명히 누가의 관심사는 단순히 역사 그 자체를 위해 기록하고 있는 것은 아니지만, 그러나 구원에 대한 역사의 의미를 해석하고 있다. 그러나 동시에 그는 누가의 신학을 위하여 사실들을 잘못 나타내거나

---

3) Hans Conzelmann, *The Theology of St. Luke*, 2nd ed.(London: Faber and Faber, Ltd., 1960; German original published in 1957), p. 63, n. 6. A 4th ed. published in 1963은 영역본에 포함되지 않았던 내용을 가지고 있다.

4) I. H. Marshall, *Luke: Historian and Theologian*(Grand Rapids: Zondervan, 1970).

혹은 역사를 꾸며내지 않기 위해 조심하고 있다.
　마샬(Marshall)에 의하면, 누가로 하여금 역사를 쓰도록 한 것은 바로 그의 신학적 관점이다. 누가에게 있어서 믿음이 비록 단순히 역사적인 사실들을 받아들이는 것 그 이상을 포함한다 해도 믿음은 역사에 뿌리를 두어야 한다는 것이다. 예를 들면 누가에게 있어서 믿음에 대한 중심적인 진술은, "하나님이 예수를 죽은 자 가운데서 살리셨다"이다(행 2:32; 3:15, 22; 4:10; 10:40; 13:30). 여기에는 두 가지 요소가 있는데, 즉 예수님이 죽은 자 가운데서 일어나셨다는 역사적 사실과 그리고 이 일이 하나님의 행위였다는 신학적 해석이다. 만일 부활의 사건이 역사적인 일이 아니었다면, 따라서 누가에게 있어서 부활사건에 대한 신학적 숙고는 불가능하게 될 것이며 아울러 믿음도 억지적이고 불합리한 환상이 되어버릴 것이다. 누가에게 있어서 부활의 역사적 기초는 중대한 것이다(행 1:3, 22).
　누가는 믿음을 위조하기를 원하지 않았기 때문에, 마샬(Marshall)은 누가가 역사가가 되기를 의도했다고 생각한다. 누가복음의 서문에서 누가는 자신을 "모든 일을 자세히 미루어 살핀"(1:3) 사람으로 그의 신임장을 제출하고, 그의 자료들의 신빙성이 있는 "목격자"들의 자료들임을 강조하고(1:2), 또한 그의 의도가 그 모든 일을 "정확하게" 그리고 "차례대로" 제시하는 것임을 말함으로써(1:3-4) 자신이 진술하고 있는 내용이 정확함을 강조하고 있다. 이 모든 것은 누가가 역사가(historian)로 진지하게 받아들여지도록 의도하고 있음을 나타내고 있는 것이다.
　아울러 마샬(Marshall)은 현대 회의주의자들이 누가의 능력을 평가하는데 있어서 너무나 성급했다고 생각한다. 가령 예루살렘 회의에 대한 분명한 차이점들은 갈라디아서의 기록이 초기의 다른 회합을 가리키고 있다는 것이다. 마찬가지로 이른바 지리적으로 부정확한 많은 것들도 우리가 오늘날 생각하는 것보다 누가가 이 명칭들을 다르게 사용하고 있다는 것을 의식하지 못하는 데서 기인한다. 누가는 "유대"를 특정 지역을 언급하기 위해 좁은 의미로 사용하고 있지만, 아울러 팔레스틴 전체를 가리키는 넓은 의미로도 사용하고 있다.

간단히 말해서, 마샬은 역사가로서 누가에 대한 관심이 되살아나야 하며 아울러 역사가로서 그의 명성이 회복되어야 한다고 생각한다.

신학자 누가

누가의 저작들이 역사로서 어떤 가치를 가지고 있던 간에, 오늘날 대부분의 학자들은 이들 저작이 신학에 기여한 것에 대해 보다 많은 관심을 가지고 있다. 누가는 매우 유능하고 또한 독창적인 신학자로 간주되고 있는데, 이는 초기 전승들에 대한 그의 해석이 기독교의 발전에 중요한 역할을 하고 있기 때문이다.

이러한 관점으로 누가를 연구한 최초의 학자들 중의 한 사람은 한스 콘첼만(Hans Conzelmann)이다. 그의 책 『시간의 중심』(*Die Mitte der Zeit*)은 『누가의 신학』(*The Theology of St. Luke*)으로 영역되어 읽혀지고 있다.[5] 편집비평의 선구자로서 콘첼만(Conzelmann)은 누가가 그의 자료 내용을 손질한 방식을 연구하였다. 그는 누가는 무관심한 편집자(compiler)가 아니라 창안자(innovator)이며, 또한 그는 하나의 고정된 신학적 의제에 따라 전승을 손질했다고 결론을 내린다.

콘첼만의 연구에서 등장하는 최우선적인 신학적 개념은 구원사(salvation history)에 대한 누가의 도식이다. 누가는 창조부터 세상의 끝에 이르기까지의 전체의 때를 세 시대로 나눈다: (1) 이스라엘의 시대, (2) 예수의 지상 사역의 시대, 그리고 (3) 교회의 시대이다.

이러한 도식이 단순하면서도 광범위한 신학적 함축성들을 지니고 있다. 첫째로 이 도식은 예수의 지상 사역의 시기와 세상의 끝 사이에 상당한 중간 시기를 가정하고 있다. 바울 서신들과 마가복음에서

---

5) 주 3을 보라.

초대 그리스도인들은 임박한 예수님의 재림에 대한 기대를 하면서 살았음이 분명하게 나타난다. 그러나 누가는 어떤 지연(delay)의 여지를 남겨두고 있으며 그리하여 파루시아(parousia)는 그리스도인의 소망의 한 중심 요소로서 그리고 그리스도인의 삶에 대한 하나의 결정적인 동기로서의 의미를 상실하고 있다.

뿐만 아니라, 콘첼만은 누가가 예수의 메시지와 사역을 "역사화"하였다고 주장한다. 누가와 그의 공동체가 "교회의 시대"에 살고 있기 때문에 그들은 예수의 생애에 일어난 사건들을 그들 자신의 시대와는 다른 과거의 시대에 속하는 것으로 회고할 수 있다는 것이다. 이것이 왜 누가가 다가올 시대에 더 이상 적용할 수 없는 교훈들을(22:35-36) 그의 제자들에게 주시는 분으로 예수를 묘사하고 있는가 하는 이유가 되는 것이다.

간단히 말해서 누가는 기독교 신앙의 강조점을 미래에서 과거로 옮기고 있는 것이다. 그러나 누가가 과거의 사건들을 묘사함으로써, 그는 자신의 당대의 교회에 대해 가르침을 주려고 하는 것이다. 그는 세계 역사 속에 있는 하나의 기관으로서의 교회에 관심을 가지고 있는데, 이는 예수님이나 그의 최초의 추종자들이 관심을 가지고 있지 않았던 문제였다. 이것은 왜 누가가 예수의 죽음의 기사에서(23:4, 14, 20-23) 로마제국의 역할을 가볍게 다루어서 예수가 정치적으로 무죄함을 보여주려고 했는가(20:21-25)하는 이유가 된다. 누가는 만일 교회가 인내해야 한다면, 교회가 세상과 화해해야 하며 또한 사회와 공존하기를 배워야 한다고 생각하고 있다.

물론 연속성의 문제가 중요한 문제이며 그리고 콘첼만은 누가가 이 문제에 대해 많은 생각을 하고 있다고 생각한다. 그는 약속(promise)과 성취(fulfillment)의 개념을 강조함으로써 예수와 예수 이전의 이스라엘의 시대와의 관계를 확립하고 있다. 마찬가지로 사도적 전승과 성령의 은사라는 주제들도 과거 예수의 시대와 현재 교회의 시대 사이에 있는 연속성이 있음을 보증하고 있다. 교회가 예수에 관한 메시지를 사도적 전승에 기초하여 선포하고 있기 때문에 교회가

현 시대에 있어서 전승의 보관자요 구원의 통로가 되는 것이다. 성령의 은사는 하나님의 나라가 도래했다는 표지가 아니라 하나님의 나라가 도래할 것임을 보증하는 것이며 또한 중간 시기에 살아갈 수 있도록 하는 파루시아에 대한 "잠정적인 대체물"(provisional substitute)인 것으로 누가에 의해 재해석되고 있다.

누가의 신학에 대한 콘첼만의 논술은 최근 몇 년 동안 이루어진 수많은 토론들의 출발점이 되어왔다. 이 책의 다음 몇 장들에서도 명백하게 나타나게 되겠지만, 학자들은 사실상 콘첼만이 주장한 모든 것에 대해 이의를 제기하고 있다. 한 유명한 비평학자는 "콘첼만의 합(synthesis)이 부적절하다는 점 이외에 누가의 어떤 것에 대해서도 광범위한 의견일치를 발견하기가 어렵다고 논평하였다.[6]

물론 다른 사항에 대해 의견의 일치가 있기도 하다. 비록 누가 신학의 구체적인 문제에 대해 서로 의견이 다르다 해도, 학자들은 콘첼만이 누가를 신학자(theologian)로 생각했다는 것에 대해서는 반대하지 않는다. 오늘날 세 번째 복음서 저자는 "자신의 저작을 매우 의식적으로 신중하게 계획하여 완성시킨 아주 훌륭한 능력을 가지고 있는 한 신학자"로 널리 인정받고 있다.[7]

예술가 누가

교회사의 어느 순간엔가 누가가 능숙한 화가였다는 전설이 생겨났으며, 그리고 오늘에 이르기까지도 최소한 누가에 의해 그려진 것으로 주장되는 마돈나 초상화가 스페인의 한 성당에 있다는 것이다. 그러나 이것은 누가가 예술가(artist)라고 말할 때 이런 의미로 말한 것

---

6) Charles Talbert, "Shifting Sands: The Recent Study of the Gospel of Luke," in *Interpreting the Gospels*, ed. by James Luther Mays(Phiadelphia: Fortress Press, 1981: originally published in 1976), pp. 197-213.

7) van Unnik, p. 23.

은 아니다. 오히려 누가가 예술가라는 이 말은 이야기를 구성하는 그의 문학적 기술(literary art) 또는 그의 솜씨를 가리키는 것이다.

최근에 복음서들을 설화들(narratives)로 보는 관심이 증대하고 있다.[8] 이러한 접근은 복음서 저자를 단순히 여러 가지 자료들을 대상으로 한 편집자(editor)라기보다는 오히려 복음서 저자를 그 나름대로의 저자(author)로 보는 한스 콘첼만(Hans Conzelmann)에 의해 수행된 "편집비평"을 능가하는 것이다. 그 결과 문학비평(literary criticism)의 초점은 전승 배후에 놓여 있는 전승층 대신 전승의 최종 형태에 있어서 작품의 통일성(unity)에 두게 되었다.

이러한 새로운 접근에 견해를 같이하는 노련한 누가 신학자인 로버트 캐리스(Robert Karris)는 『누가: 예술가이며 신학자』(Luke: Artist and Theologian)로 불리우는 책을 한 권 썼는데, 여기에서 누가의 수난기사를 문학으로 다루고 있다.[9] 캐리스(Karris)는 누가복음을 하나의 "케뤼그마적 이야기"(Kerygmatic story), 즉 예수와 하나님의 통치에 대한 복음을 선포하려고 의도한 이야기로 생각하고 있다.[10] 그는 복음서 저자가 설화 전체를 예술적으로 전개시킨 "주제들"로 가득찬 저작으로 생각한다. 예를 들면 이러한 주제들은 "신실함", "정의" 그리고 "음식" 등의 주제들을 포함한다.[11] 캐리스는 케뤼

---

8) 다른 복음서에 대해서는 David Rhoads and Donald Michie, *Mark as Story*(Philadelphia: Fortress Press, 1982); Jack Dean Kingsbury, *Matthew As Story*, 2nd ed.(Philadelphia: Fortress Press, 1988); Alan Culpepper, *Anatomy of the Fourth Gospel*(Philadelphia: Fortress Press, 1983)을 보라.

9) Robert Karris, *Luke: Artist and Theologian. Luke's Passion Account As Literature*. TI(New York: Paulist Press, 1985).

10) Jack Dean Kingsbury는 *Jesus Christ in Matthew, Mark, and Luke*. PC(Philadelphia: Fortress Press, 1981)에서 처음으로 복음서들을 "케뤼그마적인 이야기들"(Kerygmatic stories)로 묘사하였다.

11) 이들 주제에 대한 Karris의 논술은 이 책 4장과 6장에서 보다 자세하게 논의될 것이다.

그마적 이야기의 배후에 있는 역사적 사건들을 재구성하는 일보다는 누가의 케뤼그마적 이야기의 의미를 밝히는데 보다 많은 관심을 기울이고 있다. 그는 또한 전승의 특별한 단위들을 구분하고 또한 전승의 구성 역사에 비추어 이들을 해석하기보다는 이 문헌에 중요한 주제들을 전체로서 살펴보는데 더 많은 관심을 가지고 있다.

이러한 관점에서 누가에 대한 가장 포괄적인 연구는 로버트 태니힐 (Robert Tannehill)의 『누가행전의 설화적 통일성: 문학적 해석』 (*The Narrative Unity of Luke-Acts: A Literary Interpretation*)이다.[12] 태니힐(Tannehill)은 누가의 이야기를 일련의 삽화적인 사건 이상으로 해석하고 있다. 누가복음은 내부적 연결들로 알 수 있듯이 통일된 줄거리, 전개되는 인물의 역할들, 그리고 통일성 있는 목적 등을 가지고 있다.

내부적 연결들(internal connections)은 설화의 여러 가지 부분들을 서로 연결시키는 문학적 "메아리들과 암시들"(echoes and reminders)로 구성되어 있다. 예를 들면 세례 요한은 아브라함에게 호소하는 것을 회개로 대치하는 것에 대해 경고하고 있다(3:8). 그러나 이 복음서의 전혀 다른 부분에서 부자는 그와 같은 일을 정확하게 하고 있다(16:24, 27, 30). 이와 같이 누가의 이야기는 "이야기의 내부적 주석"으로서의 역할을 하는 특성들로 가득차 있어서 의미들을 분명하게 하고 또한 부가적 뉘앙스들을 암시하고 있다.[13] 게다가 이 복음서는 독자들로 하여금 무슨 일이 일어날 것인지를 미리 안내하고 (예를 들면, 9:22, 44; 18:31-33; 22:21, 31-34) 또는 이미 일어난 일을 되돌아가서 다시 생각하도록 하는 진술(예를 들면, 24:7, 25-26, 44, 46)이 풍부한 "예고들과 회고들"(previews and reviews)

---

12) Robert Tannehill, *The Narrative Unity of Luke-Acts. A Literary Interpretation*. Volume 1: The Gospel According to Luke(Philadelphia: Fortress Press, 1986).

13) Ibid., p. 3. 인용된 예는 본서 3장 "환난" 편에 논의되어 있다.

로 특징지어져 있다. 독특한 주제들로 설화가 결합되어 때로는 발전되고, 생략되고, 그리고 나중에 나오는 이야기에 다시금 등장하기도 한다. 예를 들면, 누가는 예수께서 세리 및 죄인들과 함께 잡수시는 것에 대한 세 개의 이야기(5:29-32; 15:1-32; 19:1-10)와 그리고 예수께서 안식일에 병을 고치시는 것에 대한 세 개의 이야기(6:6-11; 13:10-17; 14:1-6)를 보도하고 있다. 이렇게 반복적으로 되풀이되는 "유형 장면들"(type scenes)은 자주 되풀이 될 뿐만 아니라 설화를 통일시키는 주제의 보다 풍부한 발전을 제공하는 다양성을 나타내고 있다.

태니힐(Tannehill)의 누가에 대한 문학적 분석은 또한 설화 내에서 서로 영향을 주는 인물들의 주요한 역할에 초점을 맞추고 있다. 그는 누가가 어떤 훌륭한 저자와 마찬가지로 자신의 인물들을 일관성과 목적을 가지고서 제시하고 발전시키고 있다고 생각한다. 주인공인 예수님은 말과 행위에 있어서 능력있으신 분으로(24:19; 행 1:1), 그리고 그의 사역 진행 과정을 통하여 이해되어야 하는 분으로(1:80; 2:40, 52) 묘사되고 있다. 성령이 예수님에게 임하고 한 음성이 예수가 하나님의 아들이심을 선언한 후(3:22), 그는 하나님의 아들이 의미하고 있는 것에 대한 잘못된 생각들을 극복하셔야만 하였다(4:1-13). 그후에야 비로소 왜 성령이 그에게 임했는가에 대한 확신을 가지고 선포하실 수 있었다. 그것은 가난한 자에게 복음을 전하고 또한 포로 된 자에게 자유를 전파하는 것이다(4:16-21). 나머지 설화 전체에서 예수님의 권위있는 가르침과 능력의 행위들은 이러한 사명의 성취임을 나타내고 있다. 이는 하나님께서 이스라엘과 세상에 대한 포괄적인 소망을 이루시기 위해 예수 안에서 행하시는 것이다.

누가복음의 이야기에 있는 그 밖의 특징들은 예수님과의 상호작용 때문에 흥미가 있다. 가령 종교 당국자들은 누가가 그의 독자들에게 그렇게 되기를 원하지 않았던 인물의 전형으로서의 역할을 하고 있다. 이들은 부요한 자들이고 탐욕스러운 자들이며(16:14), 외식하는 자들이며(12:1) 또한 스스로 옳다 하는 자들이어서(16:15; 18:8-

14), 이들은 자신들에 대한 하나님의 목적을 거절하는 자들이었다 (7:30). 하지만 누가복음의 이야기에서 이들의 가장 중요한 역할은 예수님의 적대자들로서, 예수의 신적인 임무의 길을 가로막는 장애물로서(5:31-32), 그리고 하나님의 위대한 계획을 방해하기 위해 예수를 위협하면서 거절하는 대적자들로서이다.

다른 한편으로 제자들은 그들이 예수님을 따르기 위해 "모든 것을 버렸을" 때 소유물로부터 초월하는 긍정적인 모범을 제공하고 있다(5:11, 28; 18:28). 그럼에도 불구하고 예수님과 또한 그의 제자들 사이에는 여러 가지 긴장이 있다. 제자들은 많은 점에서 통찰력이 있고(9:20) 또한 능력을 행하였으나(9:6; 10:17), 그들은 예수께서 고난을 받으시고 거절당하셔야 할 필연성을 깨닫지 못했기 때문에(9:45; 18:34) 그들은 또한 중요한 측면에서 실패하고 있었던 것이다. 그들은 자신들의 메시야적 기대들이 일찍 이루어질 줄로 생각하고 있었으며(17:22; 19:11; 행 1:6), 또한 그들 자신의 제자도에 반드시 필요한 부분인 거절당함과 고난을 받아들일 수 없었기 때문에, 그들은 지위에 대한 사소한 경쟁의식에 몰두하고 있었으며(9:46; 22:24) 그리하여 죽음 앞에서 배반하게 되었던 것이다(22:54-66). 그들은 고난을 당하고 거절을 당하는 것이 어떻게 하나님의 계획과 조화되는가를 깨달은 후에야 비로소 예수의 죽음(23:49)과 부활(24:34-49; 행 1:22)에 대한 증인이 될 수 있었다.

다른 그 무엇보다도 누가의 두 권의 책이 하나의 "설화적 통일성"(narrative unity)을 가지도록 한 것은 바로 신적인 목적에 대한 누가의 개념이다. 이 두 권의 책이 말하고 있는 모든 사건들의 배후에 놓여 있는 하나님의 목적은 설화 전체를 통하여 중요한 요소마다 드러나고 있다. 천사들의 고지(1:13-17, 30-37, 2:10-14), 선지자적 예언들(1:46-55; 67-74; 2:29-35, 38), 그리고 구약성경에서 인용한 내용들(3:4-6; 4:18-19) 모두 동일한 것을 가리키고 있다. 즉 보편적 구원(universal salvation)이다. 그러나 이러한 목적이 완전히 성취되지 않았다는 것은 놀라운 일이다. 누가가 설화에서 이야기하고 있는 것처럼, 하나님께서 하나님의 백성을 돌아보셨음을 기쁜 마음으로 깨닫는 일은(1:68, 78) 하나님의 백성들이 그들에게 권고하는 날을 알지 못하는 슬픈 현실에 자리를 내어주고 있다(19:44). 따라서 어떤 의미에서 누가 말하고 있는 이야기는 하나의 비극이다. 하나님의 위대한 목적이 거절당했으며(7:30) 그리고 예수께서 이스라엘을 구속하려고 했던 소망이(24:21) 분명하게 성취되지 못했던 것이다.

그러나 이 이야기가 전적으로 비극적인 것은 아니다. 궁극적으로 누가복음은 하나님께서 신적인 목적을 진행시키기 위해서는 심지어 인간적인 대적자들도 사용하실 수 있음을 나타내고 있다. 사도행전에서는 예수님에 대한 이스라엘의 거절이 이방인 선교의 기회가 되었음이 명백해지고 있다. 비록 두번째 책의 끝부분에서도 이러한 줄거리의 긴장이 해결되지 않고 있음에도 불구하고, 궁극적인 구원의 목적이 포기되지 않는다. 그리하여 누가복음의 이야기는 "하나님과 대적하는 인간 사이의 대화"로 나타난다. 이와같이 누가복음은 삶의 경험 속에 거절과 좌절 뿐만 아니라 성공도 들어있는 독자들에게 더욱더 적절한 내용인 것이다.[14]

결론

이 책의 나머지 장들에서 학자들이 누가복음에 관하여 다양한 결론에 도달하고 있음이 분명해질 것이다. 본 장은 이러한 이유 중의 하나가 종종 학자들이 상이한 종류의 질문을 함으로써 시작하고 있음을 보여주고 있다.

그러나 공통적인 관심사들도 있다. 이 장에서 모든 학자들이 토론하는 한 가지 문제는 누가의 독창성(originality)의 정도에 대한 것이다. 하워드 마샬(I. H. Marshall)은 누가가 대체로 전승 자료 내에서 작업을 하고 있는 보수적인 편집자로 생각하고 있다. 따라서 그는

---

14) Ibid.

예수님의 메시지와 일치하고 있는 것으로 이해될 수 있는 신중한 역사가이지 창안가(innovator)가 아니라는 것이다. 한스 콘첼만(Hans Cozelmann)은 초대 기독교 선포의 "케뤼그마"및 그 내용과 그리고 누가가 그 위에 두고 있는 독특한 신학적 특징 사이를 상당히 날카롭게 구분하고 있다. 콘첼만은 이러한 일을 빈번히 누가와 그의 자료 내용을 비교하고 또한 복음서 저자가 변경시킨 중요하고 일관성있는 것들을 암시함으로써 수행하고 있다. 로버트 태니힐(Robert Tannehill)은 누가의 독창성이 단순한 편집적 변경을 뛰어넘어 설화 전체를 구성(composition)하는 데까지 확대되어 있다고 생각한다. 누가의 구성 방법론이나 자료의 사용에 관한 문제들은 다음 장에서 보다 상세하게 논의될 것이다.

여기에서 또 하나의 문제가 발생한다. 즉 만일 누가가 신학적 공헌을 하는데 있어서 혁신적이고 또한 독창적이라면, 이러한 것들은 어떻게 평가되어야 하는가? 한스 콘첼만이 지나간 자국을 따른다면, 누가의 신학은 원시 기독교의 본질에서 떨어져 나간 것으로써 종종 부정적으로 간주되고 있다.[15] 학자들은 종종 누가복음을 "초기 카톨릭주의"(early Catholic)로 부르고 있는데, 이 용어는 다소 애매모호하게 사용되고 있으나 일반적으로 칭찬을 의미하는 것은 아니다. 누가는 복음과 기독교를 동일시하여 예수님을 기독교의 설립자로 소개하고 있으며, 그리고 교회를 구원을 베푸는 질서정연한 기관으로 묘사하고 있다.[16] 물론 누가가 이러한 일을 수행하는 정도는 그것이 잘못

---

15) 이러한 태도는 종종 콘첼만 자신의 것으로 생각되지만 사실상 그는 그러한 판단을 하는 것을 삼가하고 있다.

16) Philipp Vielhauer, "On the 'Paulinism' of Acts" in *Studies in Luke-Acts*, eds. L. E. Keck and J. L. Martyn(Nashville: Abingdon, 1966; German original published in 1950), pp. 35-50; Ernst Kasemann, "The Problem of the Historical Jesus" in *Essays on New Testament Themes*(Philadelphia: Fortress Press, 1982; German original published in 1954), pp. 15-47; "Ministry and

된 것인가 하는 문제처럼 논의되고 있다.[17] 에른스트 캐제만(Ernst Käsemann)은 그가 누가를 "가장 위대한 신약 신학자"로 부를 때 누가를 평가하는 데 있어서 이러한 어려움을 예시하고 있지만, 그러나 이 말은 "결코 하찮은 사람이 아닌 마땅히 경의를 표해야 할 가치있는 인물"임을 인정하고 있다.[18]

마지막으로 비록 오늘날 누가를 역사가(historian)요 신학자(theologian)이며 또한 문학적 예술가(literary artist)로 생각하는 것이 적절한 일이긴 하지만 그 중에서도 누가가 신학자라는 것이 지배적인 것임을 주목하지 않으면 안된다.

마샬(Marshall)과 캐리스(Karris)가 쓴 책들의 제목들이 나타내는 것처럼, 아무도 누가가 신학자가 아니라는 것은 말하지 않는다. 이러한 주장은 단순히 누가의 작품에 대한 전반적인 고찰이 아울러

Community in the New Testament" in *Essays on New Testament Themes*, pp. 63-94(Unpublished German original dated 1949); "The Disciples of John the Baptist" also in *Essays on New Testament Themes*, pp. 136-48(German original published in 1952); "Paul and Early Catholicism" in *New Testament Questions of Today*(London: SCM Press, 1969; German original published in 1963), pp. 236-51; *Jesus Means Freedom*(Philadelphia: Fortress Press, 1970; German original published in 1968), pp. 116-129를 보라.

17) W. G. **Kümmel**, "Current Theological Accusations against Luke" *ANQ* 16(1975): 131-45(French original published in 1970); I. H. Marshall, "Early Catholicism in the New Testament" in *New Dimensions in New Testament Studies*, eds. R. N. Longenecker and M. C. Tenney(Grand Rapids: Zondervan, 1974) pp. 217-231; J. H. Elliott, "A Catholic Gospel: Reflections on 'Early Catholicism' in the New Testament", *CBQ* 31(1969) 213-23을 보라.

18) Cf. *Jesus Means Freedom*, p. 121과 "The Problem of the Historical Jesus" p. 29.

다른 차원들도 포함되어야 한다는 것이다. 마찬가지로 태니힐(Tannehill)도 누가가 문학적 이유만을 가지고 그의 이야기를 썼으리라고는 생각하지 않는다. 그보다는 오히려 누가가 신학적 표현의 한 형태로 설화(narrative)를 사용하고 있다고 생각한다. 누가가 "신학을 하고 있다"(does theology)는 것은 아무도 의심하지 않을 것이다. 다만 누가가 이를 어떻게 하고 있으며 그리고 이것이 어떻게 평가되고 있는가 하는 것은 앞으로 계속 토론을 일으키는 문제들이다.

제 2 장

누가복음의 구성

누가복음은 익명으로 되어 있다. 누가복음은 한 특정의 수신인의 이름을 밝히는 서문으로 시작하지만(1:3), 저자가 자신을 밝히거나 혹은 그가 사용했다고 주장하는 자료들을 말하지는 않는다. 아마도 그는 단지 자신이 의도하고 있는 독자들이 이러한 정보를 알고 있으리라고 추정했든지 아니면 아마도 이러한 문제가 중요하지 않은 것으로 생각했을 것이다. 하여튼 그의 책은 익명이다.

그러나 학자들은 이 문제를 그냥 놓아두는 것에 만족하지 않았다. 이 문헌의 저자와 그가 사용한 자료들을 밝히려는 시도는 수세기 동안 성경학자들의 마음을 차지하였다. 오늘날에도 만족스러운 해결책이 있다고 생각하는 사람들이 많이 있는 반면 다른 사람들은 이 문제가 계속되고 있다고 생각한다.

저자

교회의 전통은 세 번째 복음서를 "의사이며, 바울의 동역자인 누가"에게(골 4:14; 딤후 4:11; 몬 24) 돌리고 있다. 이러한 전승의 기원이 불확실하기 때문에,[1] 이를 평가하기란 어려운 일이다. 그러나 이러한 전통은 어디에선가 기원했음이 틀림없으며, 그리고 종종 질문되고 있는 것은 그 전승이 사실이 아니라면 누군가가 무엇 때문에 그러한 이야기를 만들어 내었는가 하는 것이다. 오히려 이 문헌을 보다 유명한 어떤 사람에게 돌릴려고 하지 않는가?

어떤 학자들은 사도행전의 어떤 구절에서 이 전승을 옹호하고 있다고 생각하는데, 이곳에서 저자는 "우리"라는 대명사를 사용하고 있다 (16:10-17; 20:5-15; 21:1-18; 27:-28:16). 학자들은 이 "우리" 단락이 그 경우에는 저자가 바울과 함께 있었던 것으로 생각하고 있다. 다른 사람들은 이 "우리" 단락이 단지 문학적 장치 혹은 복음서 저자가 사용했을 자료들에서 넘겨받은 것으로 주장하고 있다.[2]

교회의 전통을 반대하는 가장 중요한 논증은 이 저자가 바울 서신들에 대한 어떤 지식이 있음을 보여주지 않으며, 바울 신학에 대한 이해도 거의 없고, 아울러 바울의 주요 관심사들(예를 들면, 율법에서 자유로운 은혜로 말미암아 의롭게 됨, 그리고 그의 사도직)에 대해 단지 약간의 이해만을 보여주고 있다고 주장되었다.[3] 이러한 관찰들이 정확하다 해도, 그러나 결정적인 것은 아니다. 바울의 동역자가 독립적인 사고를 할 수 없는 사람이라는 것은 아무런 근거가 없다.

신약 시대에 거짓 저자 이름을 갖다 붙이는 일이 널리 행해졌으며 또한 좋아하는 저작과 정평 있는 인물의 이름을 연결시키는 경향이 두드러졌기 때문에, 학자들은 대개 저자에 관한 전승에 회의를 가지고 있었다. 예를 들면, 매우 소수의 사람들이 마태복음의 저자를 예

---

1) 최초의 증거는 아마도 A.D. 170-80년경의 무라토리안 정경(the Muratorian Canon)일 것이다.

2) Jacgues Dupont, *The Sources of Acts* (London: Darton Longman, and Todd, 1964; French original published in 1960), pp. 75-165를 보라.

3) Vielhauer를 참조하라.

수님의 열 두 제자 중의 한 사람과 동일시하고 있다. 그러나 누가복음에 대해서는 조심스럽게 받아들이는 경향이 있다. 최근에 나온 주석들을 개관해 보면 많은 사람들이 이 복음서의 저자가 후대의 제자로 간주되지 않는 한 바울의 동역자로 받아들이려고 하는 것을 보여주고 있다.[4] 그리고 이 저자를 바울의 동료들 중의 한 사람으로 받아들일 수 있는 사람들에게는 "의사 누가"가 다른 어떤 사람들보다 적절한 후보자로 생각하고 있다.[5]

누가의 마가복음 사용

누가는 그의 복음서를 다른 많은 사람들이 자신과 비슷하게 설화들을 수집하기 위해 착수했다는 진술로 시작하고 있다(1:1). 비록 누가가 이 "많은 사람들"이 누구인가에 대해서는 말하고 있지 않지만, 학자들은 누가가 언급하고 있는 저작들 중의 하나가 마가복음이라는 것을 일반적으로 추정하고 있다. 비교 분석을 해보면 누가복음의 큰 세 개의 덩어리(3:1-6:19; 8:4-9:50; 18:15-24:11)가 주로 마가복음에서도 발견되는 자료를 포함하고 있음이 드러난다. 게다가 이 세 덩어리에 포함되어 있는 자료는 대체로 마가복음에 있는 것과 동일한 순서로 보도하고 있다.

그리하여 누가복음을 마가 자료와 그 밖의 자료를 결합시킨 것으로 많은 사람들에게 이해되고 있다. 이러한 결합이 어떻게 일어났는가에

---

4) 예를 들면 Ellis, Fitzmyer, 그리고 Marshall이다. Danker는 확신하지는 못하지만, 그 전승을 "가볍게 무시되어서는" 안된다고 말하였다. 그러나 Schweizer는 그 전승이 "의심스러운 것"이라고 생각한다. 참조문헌의 정보를 얻기 위해서는 본서의 끝에 있는 『더 깊은 연구를 위하여』를 보라.

5) 이른바 누가복음에 있는 "의학 용어"(medical language)가 저자의 직업을 명백하게 입증하는 일이 불충분하다는 것이 일반적으로 인정되고 있다. Henry J. Cadbury, *The Making of Luke-Acts*(London: SPCK, 1958), pp. 50-51을 참조하라.

대해서는 두 가지 다른 견해가 있다. 첫번째 견해는 복음서 저자가 마가복음의 세 덩어리 자료들을 때때로 "원 누가"(Proto-Luke)로 불리우는 이미 형성된 그의 복음서의 초기 판에 삽입시켰다는 것이다.[6] 두 번째 견해는 복음서 저자가 마가로 시작하였다가 그 다음에 새로운 자료(6:20-8:3; 9:51-18:14)를 첨가하여 확대하고 거기에다가 처음과 끝 부분에 유년설화와 부활 이야기들을 부가시켰다는 것이다.[7]

어느 경우든 간에 마가 자료가 단순히 축어적으로 전승된 것은 아니다. 복음서 저자는 그가 마가로부터 자료를 넘겨받아 그 나름대로 손질을 가했던 것이다. 조셉 피츠마이어(Joseph Fitzmyer)는 그의 앵커 바이블 주석(Anchor Bible Commentary)의 서론에서 누가가 그의 자료 내용을 편집하는 여러 가지 방식들을 목록으로 만들고 있다.[8] 우선 누가는 빈번하게 헬라적 문체와 언어를 사용하고 있다. 그는 역사적 현재 시제를 보다 정확한 과거 시제로 바꾸고 있으며 또 불필요한 대명사들을 제거한다. 그는 가령 희구법 같은 보다 문학적인 헬라어를 도입하고, 또한 절대 소유격 사용을 많이 사용하고 있다. 아울러 누가는 마가복음 5:41(눅 8:54 참조)의 "달리다굼"(Talitha cumi) 같은 아람어적 표현들은 피한다. 이와 같은 변화들은 누가 공동체가 고급 헬라어를 이해할 수 있는 사람들을 포함하는 대부분이 이방인들로 구성되어 있음을 암시하고 있다.

그 밖의 변화들은 누가의 전체적인 문학적 구도에 기인한다. 누가

---

6) 이 견해의 고전적 진술에 대해서는, Vincent Taylor, *Behind the Third Gospel: A Study of the Proto-Luke Hypothesis*(Oxford: Clarendon, 1926)을 참조하라.

7) 이 견해에 대한 입증은 W. G. **Kümmel**, *Introduction to the New Testament*. Revised English edition(Nashville: Abingdon, 1975; German original published in 1973), pp. 132-37에서 찾아볼 수 있다.

8) Joseph A. Fitzmyer, *The Gospel According to Luke I-IX*. AB 28(Garden City, NY: Doubleday, 1981), pp. 92-96.

는 예수님의 이야기를 예루살렘에 맞추려고 하기 때문에, 그는 종종 다른 지리적 언급들이나 혹은 초점을 다른 곳에 두고 있는 전체 삽화들을 생략하기도 한다. 예를 들면, 예수님은 부활 후에 갈릴리에서 그의 제자들과 다시 만날 것을 예고하시지 않는다(막 14:28). 아울러 누가는 문학적 목적을 위해 마가 자료를 바꾸어 놓는다. 그는 나사렛에서 예수님의 거절당하심에 대한 이야기(막 6:1-6)를 그의 갈릴리 사역의 맨 처음으로(4:16-30) 옮겨 이를 그 다음에 나오는 모든 이야기에 대한 하나의 프로그램적 서문(a programmatic introduction)으로 활용하고 있다. 이와 비슷하게 그는 자신이 삽입시킬려고 하는 설교에 논리적인 청중을 제공하기 위해(6:20-49) 예수님을 따르는 무리들에 대한 마가의 보도(3:7-12; 눅 6:12-16 참조)를 몇 개의 구절들로 이동시킨다. 이러한 위치 바꿈들(transpositions)은 누가가 그의 삽화들을 묘사하는데 있어서 마가의 설화 순서를 따르는 전반적인 관찰에 대해 예외적인 것들이다. 모두 해서 피츠마이어(Fitzmyer)는 일곱 개의 그러한 예외들을 발견하고 있는데, 이 모두가 문학적인 이유들로 설명될 수 있다.[9]

누가는 종종 자신이 중요하지 않거나 적절하지 않다고 생각하는 것을 생략함으로써 마가의 이야기들을 단축시킨다. 분명히 그는 특히 혈루증을 앓고 있는 여자의 이야기와 관련하여(눅 8:42-48) 의원들의 무능력에 대한 마가의 기록(5:26)이 나오지 않는다. 또한 귀신들려 간질병을 앓고 있는 기록에서(9:37-43), 그는 예수님과 그 소년의 아버지 사이에 확대된 대화를(막 9:21-24 참조) 포함시키지 않는다. 때때로 누가는 자신이 다른 형태로 가지고 있는 이야기의 "이중어"(doublet)나 중복(duplication)을 피하기 위해 자료를 빠뜨리기도 한다. 그는 베다니에서 향유를 붓는 마가의 기사(14:3-9)를 제거하지만 그러나 다른 곳에서 매우 다른 향유를 붓는 이야기(눅 7:36-50)를 포함시키고 있다.

---

9) Ibid., p. 71.

피츠마이어는 누가복음에서 폭력적인 것, 격렬한 것, 혹은 감정적인 것을 생각나게 하는 어떤 것도 피하려고 하는 어떤 "섬세한 감정"(delicate sensitivity)을 탐지해 낸다. 성전에서 상을 둘러엎으시는 것(막 11:15-16)과 예수께 가시 면류관을 씌우는 내용(막 15:16-20)이 모두 빠져있으며, 그리고 헤로디아와 세례 요한의 고도로 비난하는 이야기(막 6:14-29)도 마찬가지이다. 예수님의 감정에 대한 언급들도 생략되어 있다. 마가가 예수님을 엄하시며(1:43), 노하시며(3:5; 10:14), 슬퍼하시며(14:33-34) 그리고 근심하시는(3:5) 분으로 묘사하는 것들은 누가에게는 부적당한 것으로 보이긴 하지만, 그러나 반드시 이러한 것들이 "부정적인" 감정들이기 때문만은 아니다. 누가는 또한 예수께서 민망히 여기시며(막 1:41) 사랑(막 10:21)을 느끼시는 언급들을 생략한다. 피츠마이어는 이 복음서 저자에게 있어서 예수님에게 어떤 인간적 감정을 귀속시키는 것은 어떤 점에서 그의 고귀성을 손상시키는 것이었다고 주장한다.

예수님의 이미지를 높이기 위한 누가의 관심은 또한 제자들과 예수의 가족들과 같은 인물들에게도 해당된다. 예를 들면, 누가는 예수의 친속들이 예수가 "미쳤다"(3:21)는 마가의 설명을 포함시키지 않는다. 마찬가지로 예수께서 베드로를 꾸짖으시는 이야기(막 8:33), 야고보와 요한의 건방진 요구에 대한 이야기(막 10:35-40), 그리고 예수께서 체포당하실 때 제자들이 도망친 이야기(막 14:49) 등은 누가복음 어디에서도 나오지 않는다.

피츠마이어는 누가의 저작을 편집자로 설명하기 위해 어떤 것은 문학적이고 어떤 것은 신학적인 여러 가지 다양한 근거들을 찾아내는 대부분의 누가를 연구하는 학자들 중에서 대표적인 사람이다. 물론 그의 독특한 설명들은 문제의 여지가 있다. 즉 어떤 사람들은 누가가 아주 비슷한 내용들을 자세히 이야기하거나(13:10-17; 14:1-6 참조) 폭력을 묘사하는 것을(행 1:18; 12:20-23) 싫어하지 않았다고 말한다. 그러나 기본적인 방법론은 확고하다. 상당히 많은 학자들은 누가복음의 연구를 누가복음과 마가복음을 비교하고, 변경된 것이 무엇인가를 주목하고, 또 "왜" 바꾸었는가를 질문함으로써 시작한다.

결국 이러한 문제는 그리 간단한 것은 아닌데, 왜냐하면 고려해야 할 그 밖의 문제들이 있기 때문이다. 우선 누가복음이 마가복음과 차이가 나는 것들이 어느 정도로 그의 관점을 반영하고 있는가 하는 것이 질문되어져야 한다. 팀 슈람(Tim Schramm)은 『누가에 있는 마가자료』(Der Markus-Stoff bei Lukas, 즉 The Markan Material in Luke)로 불리워지는 독일어로 된 연구에서 변경된 것들(modifications)이 실제로 누가가 가지고 있는 다른 자료에서 비롯된 것으로 누가에게 돌리는 것을 경고하고 있다.[10] 예를 들면, 많은 해석가들은 누가가 5:33-38(막 2:18-22 참조)에서 마가로부터 넘겨 받은 말씀에다가 누가가 5:39을 첨가하고 있음을 재빨리 주목하고 있다. 그리하여 이제 예수님은 "묵은 포도주를 마시고 새 것을 원하는 자가 없나니 이는 묵은 것이 좋다 함이니라"를 첨가함으로써 낡은 가죽 부대에 담겨진 새 포도주에 대한 그의 말씀을 끝맺으신다. 이러한 첨가는 앞의 구절들에 대한 누가 자신의 해석임을 나타내고 있으며 또한 원래의 전승에 매우 다른 빛을 던지고 있는 것으로 주장되고 있다. 하지만 슈람(Schramm)은 이 구절을 누가가 그의 자료 중에 가지고 있었던 이종(異種)의 말씀으로 생각하고 있다. 이 구절은 단지 연관있는 단어에 기초하여 이곳에 놓여 있다는 것이다. 이 구절은 마가의 구절을 설명하고자 하는 의도가 없으며, 어쨌든 어느 다른 구절들보다 누가의 구절이 더 원초적이라고 할 수 없다는 것이다. 슈람(Schramm)이 밝힌 일련의 언어적 범주에 따르면, 그는 누가가 마가의 구절을 변경시킨 것 중에 거의 반을 누가가 가지고 있는 다른 자료에 기인하는 것으로 생각한다. 그럼에도 불구하고 대부분의 현대 학자들은 누가가 전승 자료들을 나란히 놓는 것에서뿐만 아니라 또한

---

10) Tim Schramm, *Der Markus Stoff bei Lukas: Eine literakritische und redaktionsgeschichthiche Untersuchung.* NTSMS 14(New York: Cambridge University Press, 1971).

누가 자신의 보다 직접적인 기여에서 누가의 의도를 볼 수 있다고 여기고 있다.

학자들이 누가가 마가 자료를 사용한 것을 살펴보면서 그들이 반드시 고려해야 할 또 하나의 문제는 복음서 저자의 마가 본문에 대한 지위이다. 누가 연구에서 마가복음 6:45-8:26은 때때로 "큰 생략"(the big omission)으로, 그리고 마가복음 9:41-10:12은 "작은 생략"(the little omission)으로 불리워지고 있는데, 왜냐하면 누가는 이러한 단락들에서 어떤 자료도 포함시키지 않기 때문이다. 이러한 자료들을 생략하는 것을 설명할 수가 없어서, 어떤 해석가들은 누가의 마가 자료 사본이 결함이 있으며 혹은 불완전하다고 제안하였다. 하지만 대부분의 사람들은 누가가 의도적으로 그 자료를 생략한 것으로 보고 있다. 예를 들면 피츠마이어(Fitzmyer)는 큰 생략을 지리적 초점에서의 변화를 피하기 위한 의도로 설명하고 있다.

이러한 형태의 질문들은 언어 및 본문 문제들에 대해 세심한 주의를 기울이기 위해 편집비평을 요구하고 있다. 그러나 결국 그들의 연구를 좌절시키지는 않는다. 잠재적으로 보다 강력한 도전은 누가가 마가 자료를 전혀 사용하지 않았는가를 의문시하는 사람들에 의해 제기되고 있다. 이러한 반론은 아래의 내용에서 논의되겠지만, 우선 이를 또 하나의 문제로 고찰하는 일이 필요하다.

누가의 Q 자료 사용

마가복음은 누가가 사용했다고 주장하는 "많은" 자료들 중의 하나였을 것이지만(1:1), 그러나 그 밖의 다른 자료들은 어떤 것들인가? 수많은 병행 본문들이 또한 마태복음에서도 나타나고 있다. 누가가 또한 이 책도 사용하였는가? 여러 가지 근거들이 있으나 대부분의 학자들은 이것이 그러한 경우에 해당한다고는 생각하지 않는다. 오히려 마태와 누가 모두 다른 자료를 사용했으나 다만 그 자료가 지금 우리들에게 전해지지 않고 있다는 제안이다. 이 자료는 또한 잃어버렸다

는 이유로 "Q"로 알려져 있다.[11]

존 클로펜보르그(John Kloppenborg)는 그의 책 『Q의 형성』(The Formation of Q)에서 이 잃어버린 자료를 설명하려고 시도하고 있다.[12] 그는 이 자료가 아마도 헬라어로 쓰여진 기록된 문서로 생각한다. 이 자료는 주로 설화가 거의 없는 말씀의 모음집이며 또한 예수의 수난 기사도 없다. 이 말씀들의 순서는 누가복음에 가장 잘 보존되어 있는데, 이들이 어떤 통일성 있는 주제에 따라 주제별로 모아졌음을 나타내고 있다. 비록 Q의 어떤 부분들이 두 복음서 저자 모두에 의해 생략되거나 혹은 오로지 누가 혹은 마태의 특수 자료를 나타내고 있는 것이 가능하다 해도, 클로펜보르그(Kloppenborg)는 이 문헌의 대부분이 "이중 전승"(double tradition), 즉 누가복음과 마태복음에는 나오지만 마가복음에는 나오지 않는 자료에 보존되어 있다고 생각한다. 아울러 Q 자료와 마가 사이에 중복되는 부분은 적은 것으로 보인다. Q의 형태를 이루는 요소는 하나님의 도래하는 천국에 비추어 삶의 새로운 지향을 요구하는 예수님의 여섯 "지혜 말씀"이다. 몇몇 논쟁적 자료에 첨가된 이들 지혜 말씀은 예수께서 이스라엘을 책망하시는 것이 수치의 이유라기보다는 덕행에 대한 문제임을 보여주려고 한다. 마지막으로 시험 사화(마 4:1-11; 눅 4:1-13)는 예수 자신이 그가 옹호하는 백성들과 같은 모양이 되셨음을 보여주기 위한 하나의 서문으로 첨가되었다. 이 단화의 첨가는 복음서들의 보다 전기적인 성격으로 향하는 일보이다.

Q 자료를 연구하는 또 한 사람의 학자인 리차드 에드워드(Richard Edwards)는 어떤 류의 기독교 공동체가 그러한 문서를

---

11) 이 학명을 명명한 것에 대해 불확실하지만 가능성 있는 설명은 "Q"가 "근원"(source)을 의미하는 독일어 Quelle의 약자라는 것이다.

12) *The Formation of Q: Trajectories in Ancient Wisdom Collections*. Studies in Antiquity and Christianity(Philadelphia: Fortress Press, 1987).

만들어 내었는가를 묻고 있다.[13] 그의 『Q의 신학』(A Theology of Q)에서 에드워드는 세 종류의 말씀들이 Q 전승에 뒤섞여 있다는 것을 주목하였는데, 그것은 곧 지혜 말씀, 선지자적 말씀, 그리고 종말론적 말씀이다. 이 말씀들의 기능은 우선 하나님의 왕국의 여명과 인자이신 예수의 임박한 재림을 선포하는 것이다. 게다가 이 말씀들은 심판 때에 살아남을 사람들에게 요구되는 것이 무엇인지를 매우 실제적인 방식으로 묘사하고 있다. 이 공동체는 예수의 죽음의 의미에 대해 숙고할 시간도 없고 필요성도 없다. 제자도가 그들의 주된 관심사이다. 그들은 마지막 날에 살아가는 하나의 지침으로 살기 위해 오실 심판자의 말씀들을 수집했던 것이다. 사실 에드워드(Edwards)는 Q 공동체가 그들의 임무를 예수에 대해 선포하는 것보다는 예수의 말씀들을 계속 말하는 것으로 이해했다고 생각하는 점에서 하인츠 퇴트(Heinz Tödt)를 따르고 있다.[14] 이러한 임무는 예수의 말씀들을 수집하고 반복하여 말함으로써 뿐만 아니라 또한 영감받은 예언자들이 그의 이름으로 말하도록 함으로써 성취되는 것이다.

이러한 재구성이 흥미를 자아내는 일임에도 불구하고, 많은 누가 학자들은 궁극적으로 복음서 저자가 Q 자료를 그의 복음서에다가 어떻게 짜 넣었는지에 대해 보다 많은 관심을 가지고 있다. 몇 가지 예외가 있긴 하지만, 이러한 단락들은 누가복음에 특수한 자료를 포함하고 있는 두 개의 큰 덩이에 나타난다(6:20-8:3; 9:51-18:14). 이 덩이들은 때때로 "작은 삽입"(little interpolation)으로(6:20-8:30) 그리고 "큰 삽입"(big interpolation)으로(9:51-18:14) 불리고 있다. 왜냐하면 이 덩이들은 마가에서 주로 취해 온 자료(3:1-6:19; 8:4-

---

13) Richard Edwards, *A Theology of Q. Eschatology, Prophecy and Wisdom*(Philadelphia: Fortress Press, 1976).

14) Heinz Tödt, *The Son of Man in the Synoptic Tradition* (Philadelphia: Westminster Press, 1965; German original published in 1959).

9:50; 18:15-24:11)의 흐름을 방해하고 있기 때문이다.

작은 삽입은 가장 유명한 것이 예수님의 평지 설교 기사이다(6:20-49). 이 구절들은 Q 자료에서 기원하였으며 종종 마태의 보다 길고 좀더 발전된 산상설교(마 5:1-7:27)와 비교된다. 잔 람브레히트(Jan Lambrecht)는 이 두 설교들을 연구하여 각 복음서 저자가 Q 자료를 어떻게 사용하고 있는가를 설명하려고 하였다.[15] 비록 누가판이 더 짧긴 하지만, 람브레히트(Lambrecht)는 누가가 Q에서 무언가 생략했다고는 생각하지 않는다. 그보다는 오히려 마태가 의미 심장한 첨가를 했다는 것이다. 그럼에도 불구하고 누가는 자신의 자료를 다른 방식으로 변경시키고 있다. 예를 들면 축복선언에 관하여(6:20-26) 세 가지 변화들이 중요하다. 첫째, 누가는 그의 독자들에 대한 축복선언들의 적용을 강조하기 위해 축복선언들을 이인칭으로 바꾸어 말한다. 둘째, 누가는 중요한 지점에다가 "이제"라는 말을 첨가함으로써 원래의 자료에 없는 시간적인 특징을 삽입시키고 있다(6:21). 비참하게 보이는 사람들의 역설적인 축복을 단지 선언하는 것이 아니라, 예수는 "이제"를 현재의 축복과 미래의 영광을 비교함으로써 나타내고 있다. 마지막으로, 누가는 "화 단락들"을 첨가함으로써(6:24-26) 위협의 요소를 삽입시키고 있다. 이 화 단락들은 축복선언에 묘사되어 있는 상황들을 역전시키고 있다. 의미 심장하게도 이 화 단락들은 또한 이인칭으로 나타내고 있으며 아울러 "이제"라는 단어로 시간적 특징을 나타내고 있다(6:25). 그러나 이번에 그 메시지는 지금 좋은 것을 누리는 자들이 다가올 삶에서는 빼앗기게 되리라는 것이다(6:24-26).

누가가 편집한 결과 원래는 천국의 선포(proclamation)였던 것을 현재의 삶과 내세의 삶에 대한 교훈(instruction)으로 바꾸었다. 후

---

15) Jan Lambrecht, *The Sermon on the Mount: Proclamation and Exhortation*. GNS 14(Wilmington, DE: Michael Glazier, 1985).

자의 요소가 전적으로 Q에게 빠져 있는 것은 아니지만 누가복음에서는 표면화되고 있다. 그 교훈의 내용이 또한 미래의 종국적인 역전을 예고하고 있는 한 누가가 발전시킨 것임을 보여준다. Q에서, 예수는 다만 하나님께 가난한 자들(박해받는 그리스도인들을 포함하여)에게 은혜를 베푸시며 아울러 그들의 부요를 속히 보상하실 것을 선포하셨다. 누가복음에서 예수는 가난한 그리스도인들과 부요한 그리스도인들 모두에게 말씀하시는데, 즉 그들의 현재 지위가 다가오는 삶에서 역전될 것임을 가르치신다. 이 주제는 누가복음 다른 곳에서도 나타나며(예를 들면, 16:19-31) 그리고 나중에 그리스도인들은 그들에게 갚을 수 없는 사람들에게 돈을 빌려주어야 한다는 설교로 변화시키고 있다. 만일 사람들이 그렇게 한다면, 하늘에서 그들의 상급이 클 것이다(6:34-35). 이 구절이 원래의 Q에는 나오지 않는다. 화를 선언하는 구절들과 마찬가지로, 이 구절도 누가에 의해 첨가되었다. 따라서 누가는 Q에서 나온 이 설교를 천국의 종말론적 선포로서가 아니라 현재를 위한 교훈으로 다루고 있음을 알 수 있다. 아울러 그는 자기가 좋아하는 주제들 중의 하나와 일치하는 교훈인 부의 재분재의 필요성을 발전시키고 있다.

평지설교와 "작은 삽입"(6:8-8:3)의 몇몇 다른 부분들을 제외하고, 누가의 Q 자료 대부분은 9:51-18:14에 있는 "큰 삽입"에 나타난다. 여기에서 다시 한번 복음서 저자의 의식적인 구성으로 보이는 다른 자료와 함께 엮어져 있다. 이 단락은 학자들에게 특별히 관심이 있는 부분인데 이곳은 이른바 "누가의 여행 설화"(Luke's Travel Narrative)로 불리워지는 부분을 형성하고 있기 때문이다(9:51-19:48).[16]

---

16) 누가의 여행 설화의 정확한 범위에 대해 논란이 있긴 하지만, 이것은 Helmuth Egelkraut에 의해 경계가 설정된 것이다. 그의 저작은 이곳에서 논의되고 있다. 다른 사람들은 여행 설화가 18:14, 19:10, 혹은 19:27에서 끝난다고 주장한다.

헬무트 에겔크라우트(Helmuth Egelkraut)는 그의 연구인 『예수의 예루살렘 선교』(*Jesus' Mission to Jerusalem*)에서 누가복음의 이해를 위한 이 단락의 중요성을 강조하고 있다.[17] 이 단락은 최소한 누가복음 전체의 3분의 1에 해당하며 또한 누가복음에 특히 중요한 하나의 주제로 구성되어 있다. 그 주제는 바로 예수의 예루살렘 여행이다. 이 단락 맨 처음 부분에서, 누가는 "예수께서 예루살렘을 향하여 올라가기로 굳게 결심하셨다"라고 말하며(9:51) 그리고 그 다음에 나오는 열 개의 장에 걸쳐서 우리는 예수께서 계속 예루살렘으로 가시는 것임을 거듭 알 수 있다.[18] 하지만 이 단락이 예수의 실제 여행에 대한 역사적인 기록이라고는 생각되지 않는다. 누가가 서술하는 여정은 인위적인 내용이다. 왜냐하면 어느 학자가 진술하는 대로, 예수는 전 시간을 예루살렘으로 여행하고 있으나 결코 어떤 진전이 있는 것으로 보이지는 않기 때문이다.[19] 때때로 예수께서 예루살렘에 가까이 다가가시는 것처럼 보이다가 그 다음에 어떤 이유인지 예수는 갑자기 멀어져 버린다. 더구나 이 단락에 있는 대부분의 자료는 여행 주제와 필연적 또는 직접적인 연관성을 가지고 있지 않다. 예를 들어 Q 자료는 마태복음에서 예루살렘 여행과는 아무런 관계가 없는 문맥인 전혀 다른 문맥에서 나타난다. 그렇다면 여행은 누가가 그의 복음서의 이 단락을 고안해 낸 하나의 구성으로 간주되어야 한다. 이 단락은 전에 없었던 설화 문맥에다가 Q 자료를 배치하고 또한 이를 다른 여러 자료에서 끌어낸 자료와 융합시킨 것이다.

어떤 학자들은 단순히 여행 설화를 여분의 전승들에 대한 누가의

---

17) Helmuth Egelkraut, *Jesus' Mission to Jerusalem: A redaction-critical Study of the Travel Narrative in the Gospel of Luke, LK 9:51-19:48*. EH 80(Frankfurt: Peter Lang, 1976).

18) 9:51, 53; 13:22, 23; 17:11; 18:31; 19:11, 28, 41.

19) Karl L. Schmidt, *Der Rahmen der Geschichte Jesu. Literarkritische Untersuchungen zur altesten **Jesusüberlieferung*** (Berlin: Trowitsch und Sohn, 1919), p. 269.

저장소로 생각하는데 만족하고 있지만, 다른 학자들은 이 여행 설화를 계획적인 신학적 의도를 가지고 있는 하나의 문학적 장치로 보고 있다. 예를 들면 어떤 한 이론은 여행이 예수께서 고난 당하실 것을 알고 계셨음을 강조하고 있다는 것이다. 예수의 교훈들과 행동들의 대부분을 십자가로 나아가는 도중의 교훈으로 제시함으로써, 누가는 이 자료에다가 원래의 자료들에는 없는 고난 의식을 불어넣고 있다는 것이다.[20] 또 다른 제안은 모든 그리스도인들이 고난을 통해 영광으로 들어가시는 예수를 따르도록 요구받는다는 의미에서 여행은 제자도를 상징하고 있다는 것이다.[21] 그러나 에겔크라우트(Egelkraut)는 다른 곳에서 그러한 강조점을 발견하고 있다. 그는 누가를 그의 자료들과 비교해 보면 여기서 제시되는 자료의 논쟁적 내용을 높이고 있음을 주목하고 있다. 누가의 여행 설화에 나타나는 대부분의 Q 단락들은 갈등을 포함하는 배경들에 나오는데, 물론 이것은 마태의 병행 본문들에는 해당되지 않는다. 예를 들면 예수는 마태복음에서 교회에 대한 교훈으로써 잃어버린 양의 비유를 제시하지만(18:12-14), 그러나 누가복음에서 이 비유는 반대자들에 대한 하나의 응답으로 말해지고 있다(15:1-7). 아울러 에겔크라우트는 누가복음의 이 단락에서 예수의 갈등들이 그의 제자들과의 갈등이라기보다는 오히려 항상 이스라엘과 그 지도자들과 갈등임을 주목하고 있다.

따라서 에겔크라우트(Egelkraut)는 여행 설화의 신학적 목적이 이스라엘과 예루살렘에 대한 하나님의 심판을 설명하기 위한 것이라고 추측한다. 예수의 여행은 하나님의 방문을 상징하는데, 그 방문은 저항을 받고 결국 거절을 당한다. 이 여행, 아니 오히려 이 방문은

---

20) Conzelmann, p. 65.
21) P. J. Bernadicou, "Self-Fulfillment According to Luke" *BToday* 56(1971): 505-12; Philip Van Linden, *The Gospel of Luke and Acts*. MBS 10(Wilmington, DE: Michael Glazier, 1986), pp 15-37, 143-50.

심히 종말론적이라고 할 수 있는데, 왜냐하면 이스라엘에 대해 천국이 현존하고 있으며 또한 위기가 임박했기 때문이다. 예수는 이러한 일을 깨닫도록 그의 유대 적대자들에게 다급하게 호소하신다.

그러나 그들이 예수님을 받아들이지 않음으로써 심판을 피할 수 있는 그들의 유일한 기회마저 상실했던 것이다. 그러나 예수께서 예루살렘에 대한 사역을 수행하실 때, 그는 하나님의 새로운 백성의 모체로서의 역할을 할 종교적으로 버림받은 사람들을 자신의 주의에 모으셨다. 그리하여 여행 설화에서 누가는 이스라엘이 어떻게 왕국을 거절했는지 그리고 하나님의 경륜 안에 있는 이스라엘의 위치가 결국 어떻게 다른 사람들에게 넘어갔는지를 기록하고 있는 것이다. 이러한 교훈은 Q 자료 자체에는 없지만, 그러나 그 자료를 갈등의 상황 속에다 둠으로써 예수의 예루살렘 여행의 한 부분으로 만들고 있는 것이다. 즉 누가는 그 자신의 신학적 관점에 따라 Q를 해석하고 있는 것이다.

람브레히트와 에겔크라우트에 의한 이들 연구의 목적은 누가가 Q 자료에서 변경시킨 것들을 주목함으로써 누가의 의도들과 강조점들을 해석하고자 하는 것이다. 물론 이 일은 누가가 마가 자료를 어떻게 사용하는가를 연구하는 사람들에 의해 수행되는 것과 동일한 목적을 가지고 있지만, 그러나 Q에 관해서는 이 문제가 좀더 복잡하다. 누가복음의 내용이 마태의 병행구절들과 차이가 날 때, 마땅히 질문되어져야 하는 것은 어느 복음서 저자가 원래의 Q판을 보유하고 있으며 또한 어느 부분에 변경을 가했는가 하는 것이다. 학자들은 이러한 것을 어떻게 판단하고 있는가? 이 문제를 해결하는 한 가지 방법은 어느 한 복음서 저자가 자료 내용을 편집한 것을 가지고 있다가 그 다음 제시된 편집들 중 어느 것이 가장 적절한 것인지를 결정했을 잠재적인 동기를 생각해 보는 일이다. 게다가 마태와 누가 모두 마가 자료를 편집하면서 따랐던 동일한 원칙에 따라 Q을 편집했다고 대개 추정된다. 따라서 우리들에게 전해지지 않은 자료를 그들이 어떻게 다루었는가를 이해하는 지침들은 우리들이 가지고 있는 한 자료를 그들이 어떻게 다루고 있는가를 살펴봄으로써 분별할 수 있는 것이다.

하지만 이러한 접근의 기본적인 가정들에 대해 문제점이 있다고 생각하는 몇몇 학자들도 있다. 이제 우리는 우리의 관심을 이러한 곳으로 돌리고자 한다.

두 자료 가설에 대한 도전들

마태와 누가가 그들의 복음서를 쓰면서 마가복음과 지금은 잃어버린 Q 자료를 사용했다는 견해가 이른바 "두 자료 가설"(Two-Source Hypothesis)이다. 비록 이 이론이 오늘날 대다수의 신약학자들에 의해 지지를 받고 있음에도 불구하고, 처음 세 복음서 사이의 문학적 관계가 또한 다른 방식으로도 설명이 되어 왔다.

윌리엄 파머(William Farmer)는 그의 책 『공관복음서 문제』(*The Synoptic Problem*)와 그 밖의 수많은 출판물에서, 그는 "두 복음서 가설"(The Two-Gospel Hypothesis)로 알려지게 된 기본 원리를 제시하였다.[22] 이 견해는 본질적으로 18세기의 학자 요한 그리스바하(Johann Griesbach)에 의해 제시된 이론의 부활이라고 할 수 있다. 그리스바하가 했던 것과 마찬가지로 파머(Farmer)도 생각하기를, 누가가 마태복음을 하나의 자료로 사용하였으며 그리고 마가는 마태복음과 누가복음의 축소판으로써 그의 저작을 마지막으로 출판했다는 것이다. 이 이론은 파머가 주장하듯이 자료적 증거가 존재

---

22) William R. Farmer, *The Synoptic Problem. A Critical Analysis*(New York: Macmillan, 1964). Farmer의 이력과 광범위한 참조 문헌의 설명을 위해서는 David B. Peabody, "William Reuben Farmer: A Biographical and Bibliographical Essay," in *Jesus, the Gospels, and the Church: essays in honor of William R. Farmer*, ed. by E. P. Sanders(Macon, GA: Mercer University Press, 1987), pp. ix-xxxviii를 참조하라.

하지 않는 가설적인 "Q 자료"의 존재를 가정하지 않고서도 이들 복음서 사이에 있는 문학적인 일치점들을 적절하게 설명하고 있다. 아울러 이 이론은 두 자료 가설에 근거해서는 설명될 수 없는 것 말하자면 마태와 누가 사이에 일치하는 것들이 마가와는 다른 것을 설명하고 있다는 것이다.

그러나 만일 두 복음서 가설이 몇 가지 문제들을 해결한다면, 이것은 보다 많은 문제들을 야기시킨다. 누가복음에 관하여, 파머는 많은 사람들에게 있어서 마태를 색다르게 편집한 것으로 보이는 것들을 해명하지 않으면 안된다. 왜 누가가 마태의 유년설화(마 1:18-2:23장)를 그 자신의 전혀 다른 판(눅 1-2장)으로 대치하였는가? 왜 누가가 다른 족보(마 1:1-17/눅 3:23-38)로 바꾸었는가? 왜 누가가 산상설교를 포함하는 예수님에 대한 마태의 큰 설교들을 해체시켜 그 내용을 복음서 여러 곳에 분산시켰는가? 지금은 유명한 인용문이 되어 버린 다만 "우리가 누가가 이상한 사람으로 생각할 만한 이유를 가지고 있다면", 한때 한 신약 신학자가 말했듯이 누가가 그러한 방식으로 마태를 편집했다는 학설은 납득할 수 있을 것이다.[23] 그러나 파머(Farmer)는 이 모든 변화들이 두 저작의 다른 문학적 및 신학적 의도들에 의해 이해될 수 있다고 생각한다. 누가는 헬라적 역사 편찬의 표준들을 만족시킬 한 책을 쓰는 일에 있어서는 마태보다 더 많은 관심을 가지고 있다는 것이다. 마태는 예수의 오심을 주로 이스라엘과 관계 있는 용어로 기록하는 반면 누가는 그의 유년 기사(그리고 족보)와 세계 역사를 비교하고 있다. 뿐만 아니라 누가는 예수의 가르침의 많은 부분을 자신이 가지고 있는 특수 자료, 말하자면 하나님의 은혜와 구원의 사랑을 강조하는 일곱 개의 비유들(10:30-37; 15:3-32; 18:9-14)에 의해 구성되고 해석되는 그의 복음서의 중심 부분으로 옮기고 있다. 간단히 말해서, 누가의 마태 편집은 그의 다른 사회

---

23) B. H. Streeter, *The Four Gospels. A Study of Origins* (New York: Macmillan, 1925), p. 183.

적 및 신학적 지향성에 의해 이해될 수 있는 것이다. 누가는 마태의 예루살렘 중심적인 베드로 전승보다는 로마 중심적인 바울 전승에 서 있는 것이다.[24]

굴더(M. D. Goulder)[25]와 존 드루어리(John Drury)[26]에 선도되고 있는 또 하나의 학자 그룹도 마찬가지로 이른바 Q 자료로 불리우는 어떤 자료의 존재도 거부하지만, 그러나 이들은 파머(Farmer)의 논증과는 독립적으로 자신들의 논증을 확립하고 있다. 그들은 파머와 마찬가지로 누가가 마가를 하나의 자료로 사용했다는 견해에 이의를 제기하지는 않지만, 그러나 그들은 누가의 마태 병행 구절들이 그 복음서에 직접 의존하고 있다는 것에 의해 설명될 수 있다고 생각한다. 그들은 성구집(lectionary)의 필요성과 당시의 문학적 관습에 의해 누가가 겉으로 보기에 마태를 믿을 수 없을 정도로 편집했다고 설명하였다. 예를 들면 굴더(Goulder)는 누가가 마태에 있는 예수의 다섯 개의 큰 설교들을 보존하고자 하는 강압감을 느끼지 못했는데 왜냐하면 이들 설교는 누가의 회중들에 의해 더 이상 거행될 수 없는 유대교 축제일에 읽혀질 것으로 의도되었기 때문이라고 하였다. 그리하여 누가는 설교들을 해체시켜 그의 여행 설화 여러 곳에 그 내용들을 분산시켰으며, 또한 그의 성구집으로 신명기 선집의 대응물로서의 역할을 하고 있는 것이다. 드루어리(Drury)는 굴더(Goulder)와 에반스(C. F. Evans)[27]에 의거하여 누가의 전체 여행 설화가 신명기

---

24) William R. Farmer, "Luke's Use of Matthew: A Christological Inquiry," *PSTJ* 40 (1987): 39-50.

25) Goulder의 책 *Luke: A New Paradigm*(Sheffield Press에 의해 출판이 공표되었다)은 이 개관에 포함시킬 만큼 제때에 나오지 않았다. 이곳에 나와있는 논의는 *Midrash and Lection in Matthew*(London: SPCK, 1974)의 마지막 장에 진술되어 있는 그의 견해에 기초하고 있다.

26) John Drury, *Tradition and Design in Luke's Gospel. A Study of Early Christian Historiography*(London: Darton, Longman, and Todd, 1976).

27) C. F. Evans, "The Central Section of St. Luke's Gospel," in

를 모방하여 만들어졌다는 것을 보여주려고 한다. 사용된 기법은 교훈적인 해석을 목적으로 성경을 상상적으로 다시 고쳐서 말하는 유대교적 관습인 "미드라쉬(midrash)적 기법이다. 굴더(Goulder)와 드루어리(Drury)는 누가가 구약성경을 자주 언급하면서 자신의 복음서를 마태와 누가에 대한 하나의 미드라쉬로 구성했다고 생각한다. 이러한 것을 근거로 하여 누가의 마태 편집이 설명될 수 있으며 그리하여 Q 자료가 불필요하게 되었다는 것이다.

만일 두 자료 가설에 대한 이러한 도전들 중의 어느 것이 옳은 것으로 나타날 수 있다면, 누가 연구에 대해 이것이 함축하고 있는 의미는 심오할 것이다. 우선 잃어버린 Q 자료를 회복하려는 노력은 "미쳐 날뛰는 거위를 쫓아가는 것"으로 드러나게 될 것이다.[28] 동시에 누가 신학에 대한 가장 최근의 연구의 방법론적인 기초가 잘못된 전제들에 근거하고 있음이 명백해질 것이다. 그러나 대다수의 신약 신학자들은 이러한 주장들이 설득력이 없는 것으로 보고 있다. 여전히 두 자료 가설의 대안은 약간의 매력을 지니고 있긴 하지만 이를 옹호하는 사람들의 훌륭한 줄거리는 단순히 무시되어 질 수 없는 것이다. 실제로 두 자료 가설을 주장하고 있는 한 중요한 학자는 이러한 주장에 자신들의 논증의 기초를 두는데 있어서 학자들이 지금 직면하고 있는 곤경을 진술하고 있다. 즉 그는 "그렇게 하는 것이 매우 정당한 일일지도 모르지만, 그러나 그러한 가설은 우리가 대화할 수 있는 집단들을 상당히 좁게 만드는 진행에 대해서는 매우 많은 문제가 있다"고 하였다.[29]

이러한 곤경 주위에 어떤 길이 있는가? 리차드 에드워드(Richard Edwards)는 복음서 저자들의 신학을 찾아내려고 하는 편집비평이

Studies in the Gospels: Essays in Honor of R. M. Lightfoot, ed. by D. E. Nineham(Oxford: Basil Blackwell, 1955), pp. 37-53.

28) William R. Farmer, "Source Criticism: Some Comments of the Present Situation," *USQR* 42(1988): 49-57, p. 53.

29) Talbert, "Shifting Sands," pp. 393-94.

당연히 두 부분을 가지고 있어야 한다고 주장한다.[30] 첫째 부분은 그가 "교정 분석"(emendation analysis)이라 부르고 있는데, 이는 자료 내용 그 자체에서 편집자(redactor)가 변화시킨 것의 관찰에 관심을 가지고 있다. 이러한 유형의 연구는 그 자료들이 확인될 수 있을 정도에서만 가능하다. 그러나 편집비평의 또 다른 측면은 이른바 "구성 분석"(Composition analysis)으로 불리워질 수 있다. 이 접근법은 개별적 전승 단위들이 저작 전체에 어떻게 배열되고 조정되었는지를 주목함으로써 복음서 저자의 신학적 관심사들을 식별하고자 하는 것이다. 그 강조점은 아마도 주어진 본문에 행해졌을 특정한 변경에 있다기보다는 오히려 해당 복음서의 구조와 그리고 반복해서 나타나는 문학적 특징들과 형태들에 있다. 이것은 마가복음과 사도행전을 연구하는데 오랫동안 선호되어 온 방법론인데,[31] 왜냐하면 대부분의 학자들은 이러한 저작들의 자료들 중 어떤 것도 우리가 소유하고 있다고 생각하지 않기 때문이다. 구성비평(Composition criticism)은 잭 킹스베리(Jack Dean Kingsbury)의 선구자적 연구를 통해 마태복음 연구에 응용되기에 이르렀으며,[32] 그리고 보다 최근에는 조셉 타이슨(Joseph Tyson)과 같은 학자들에 의해 누가복음에 응용되었다.[33] 윌리엄 파머(William Farmer)는 구성비평의 사용이 당분간은 약속을 지킨다는 것은 동의하는데, 그것은 복음서들의 자료들에 대한 학자들의 의견 일치가 부족한 임시 기간으로 생각하고 있다.[34]

---

30) Edwards, pp. 14-18.

31) 에른스트 헨첸은 *Der Weg Jesu*(Berlin: Topelmann, 1966)에서 "구성비평"(composition criticism)이라는 신조어를 만들었다. 아울러 *The Acts of the Apostles*(Philadelphia: Westminster Press, 1971; German original published in 1965)도 참조하라.

32) Jack Dean Kingsbury, *Matthew: Structure, Christology, and Kingdom*(Philadelphia: Fortress Press, 1975).

33) Joseph B. Tyson, *The Death of Jesus in Luke-Acts* (Columbia, SC: University of South Carolina Press, 1986).

34) Farmer, "Source Criticism," p. 54.

아울러 복음서들에 대한 새로운 문학적이고 사회학적인 접근들이 어떤 특정의 자료 이론에 약정되지 않은 연구 방법론들을 제공한다는 것이 언급되어져야 한다. 예를 들면, 마지막 장에서 논의된 로버트 태니힐(Robert Tannehill)의 누가복음 분석은 초기 자료 내용을 언급하지 않고 복음서의 최종 형태가 처음부터 하나의 설화 (narrative)였던 것으로 연구하고 있다. 구성비평과 더불어 새로운 방법론들은 수정한 것들의 전승분석에 대한 균형을 제공하고 있다. 만일 누가 신학에 대한 한 학자의 연구가 제시된 자료들의 편집에서 해석한 것으로써 건전하다면, 따라서 그것은 다른 방법론들을 인도하는 그의 신학 연구와 일치되어야 한다.

누가 특수 자료

누가복음이 마가 및 마태와 병행하는 구절들을 설명하기 위해 무슨 이론이 채택된다 해도, 어림잡아 누가복음의 3분의 1은 누가 특수 자료로 구성되어 있음을 알 수 있다. 누가는 이 자료를 어디서 취했으며 그리고 이 자료가 그의 저작 전체에 어떤 역할을 하고 있는가? 우리는 아마도 대부분의 주석에서 제기된 세 가지 유형의 "특수 자료" (special material)를 살펴보려고 한다.

1. 유년 설화(The Infancy Narrative)

누가복음의 처음 두 장은 나머지 신약성경에서 병행부분이 없을 뿐만 아니라 심지어 누가 자신의 저작 내에서도 다소 특이한 내용들이다. 학자들은 이 장들과 누가복음의 나머지 부분을 구분시키는 특이한 문체를 오랫동안 주목하였다. 유년 설화 기사는 70인경의 헬라어와 보다 밀접하게 닮은 헬라어로 쓰여져 있으며, 또한 구약성경에서처럼, 이 설화는 종종 찬미가들을 삽입시킴으로써 방해를 받고 있다. 심지어 복음서의 이 단락과 누가 저작의 나머지 부분 사이에 신학적인 차이점들이 있기도 하다. 예를 들면, 유년 설화에서 세례 요한이

"엘리야의 심령과 능력으로" 나갈 것이라고 말하지만(1:17), 그러나 누가복음의 나머지 부분에서 엘리야와 비유되는 사람은 요한이 아니라 예수이다. 다시금 요한과 예수의 오심은 하나님께서 이스라엘 백성들을 정치적 압제에서 구원하실려는 하나의 표적으로 예고되지만 (1:73), 그러나 이러한 소망은 이 복음서의 나머지 부분에서 계속되지도 않고 성취되지도 않는다. 누가복음 3:1을 이 저작의 시작 부분처럼 읽어야 한다는 것을 주목하고 있는 원 누가 가설(proto-Luke theory)의 옹호자들은 때때로 누가의 처음 두 장이 그의 원래 작품의 부분이 아니라고 주장하고 있다. 그보다는 이 처음 두 장이 거의 결과론처럼 이미 완성된 초기판의 앞 부분에 첨부되었다는 것이다. 사실 한스 콘첼만(Hans Conzelmann)조차도 그가 누가의 신학을 서술하면서 이 두 장들을 고려하지 않았는데,[35] 이 한 요소가 그의 연구에 하나의 결점으로써 거의 만장일치로 인식되고 있다.

지금까지 누가의 유년 설화에 대한 가장 중요한 연구서들 중 하나는 레이몬드 브라운(Raymond Brown)의 책이다.[36] 그의 책 『메시야의 탄생』(The Birth of the Messiah)에서, 브라운은 만일 이 두 장들을 잃어버렸다면, 우리는 그들이 존재했는지 대해 결코 예상하지 못했을 것임을 인정하고 있다. 따라서 이 두 장들이 하나의 서론으로 남은 복음서 앞에다가 덧붙여졌다는 것은 가능하지만, 그러나 브라운(Brown)은 그럼에도 불구하고 누가가 그 작업에 책임이 있다고 생각한다. 또한 찬미가들은 예외로 하고 누가 자신이 대부분의 내용을 구성했다는 것도 가능성이 있다. 브라운의 재구성에 의하면, 누가의 유년 설화는 원래 요한과 예수의 탄생고지와 탄생에 대해 병행하는

---

35) Conzelmann의 The Theology of St. Luke는 본서 1장에서 논의하였다.

36) Raymond E. Brown, The Birth of the Messiah. A Commentary on the Infancy Narratives in Matthew and Luke(Garden City, NY: Doubleday, 1970).

이야기들로 구성되어 의도적으로 마치 둘로 접는 기록판의 형태로 배열되었다는 것이다. 비록 몇몇 학자들이 독립적인 세례자 자료들 혹은 마리아 전승들이 이들 이야기 배후에 놓여 있다고 주장하지만, 브라운(Brown)은 그같은 가정들이 필요한 것으로 생각하지 않는다. 그 이야기들은 구약성경에 있는 기사들을 본보기로 하여 기록된 것이다. 예를 들어 요한의 부모들은 아이를 필요로 하는 늙은 부부인 아브라함과 사라의 형태를 따라 구성된 것이다.

누가의 유년 설화에 나오는 찬미가들은 오늘날 마리아의 찬가(the Magnificat, 1:46-55), 사가랴의 예언(the Benedictus, 1:68-79), 그리고 시므온의 찬양(the Nunc Dimmitis, 2:29-32)으로 알려져 있는 것들을 포함하고 있다. 이들의 강한 유대교적 지향성으로 인해, 학자들은 종종 이 찬미가들이 실제로는 누가가 넘겨받은 유대교 시편들을 기독교적 목적을 가지고 개작한 것으로 추정하고 있다. 그러나 브라운(Brown)은 이들이 초기 유대 그리스도교 배경 내에서 일어났다는 것이 보다 가능성이 있는 것으로 생각하고 있다. 누가가 이들을 발견하여 자신의 복음서를 구성하는 다소 후기 단계에서 그의 유년 설화를 삽입하였음에 틀림없다는 것이다. 왜냐하면 이들은 요한과 예수에 관한 누가의 다른 둘로 접는 기록판의 산뜻한 형태와 어울리지 않기 때문이다. 스티븐 패리스(Stephen Farris)는 이를 논박하지 않고서 주장하기를, 이 찬미가들의 편입은 이 단락에 새로운 양식을 부여하였다는 것이다. 즉 이제 각 찬미가는 삼중적인 "약속-성취-찬미" 과정의 세 번의 움직임을 형성하고 있다는 것이다. 게다가 패리스(Farris)는 찬미가들 자체가 약속과 성취 및 이스라엘의 회복이라는 주제들을 나타내고 있는데, 이들은 누가의 저작 전체에 반복하여 나타나는 주제들이라고 말한다. 그리하여 그는 누가가 이들 찬미가를 누가복음의 처음에 위치시켜, 마치 전주곡처럼 누가복음 전체에 두드러지게 될 주제들로 생각할 수 있도록 했다는 것이다.[37]

---

37) Stephen Farris, *The Hymns of Luke's Infancy Narratives*.

2. 이야기들과 비유(Stories and Parables)

신약성경의 가장 유명한 비유들 중 많은 것들이 누가복음에서만 발견되고 있다. 이러한 것들은 선한 사마리아인의 비유(10:25-37), 밤중에 찾아온 친구의 비유(11:5-10), 어리석은 부자의 비유(12:13-21), 탕자의 비유(15:11-32), 불의한 청지기의 비유(16:1-13), 부자와 나사로의 비유(16:19-31), 불의한 재판관의 비유(18:1-8), 그리고 바리새인과 세리의 비유(18:9-14) 등을 포함하고 있다. 게다가 누가는 수많은 간략한 이야기들, 말하자면 다른 곳에서는 발견되지 않는 마리아와 마르다의 이야기(10:38-42)와 삭개오 이야기(19:1-10) 등을 포함하고 있다.

누가는 이러한 특별한 이야기들과 비유들의 거의 모든 것을 그의 복음서의 중심 부분인 여행 설화 속에 두고 있다. 하지만 우선 누가가 그러한 고전적인 이야기들을 어디서 발견하였는가? 존 드루어리(John Drury)에 의하면 누가가 스스로 그 이야기를 구성했다는 것이다.[38] 그의 책 『복음서의 비유들』(*The Parables in the Gospels*)에서, 드루어리(Drury)는 누가에 특유한 비유들이나 비유 같은 이야기들이 공통적인 특징을 가지고 있다는 것을 주목하고 있다. 예를 들어 위기(crisis)는, 다른 복음서에 나오는 비유들에서처럼 끝부분에 등장한다기보다는 이야기의 중간 부분에 전형적으로 등장하고 있다. 뿐만 아니라 누가의 비유들은 사람들이 살고 있는 세상에 대해 보다 많은 관심을 가지고 있다. 즉 이들은 성격 묘사에 보다 관심을 기울이고 있으며 또한 인간의 관심사와 꾸밈없는 세부 묘사가 보다 풍부하다. 누가의 이야기들은 보다 큰 현실주의(realism)를 보여주고 있으며 그리고 다른 곳에서는 상당히 지배적인 알레고리적인 측면을 축

Their Origin, Meaning, and Significance. JSNTSS 9(Sheffield, England: JSOT Press, 1985).

38) John Drury, *The Parables in the Gospels. History and Allegory*(New York: Crossroad, 1985). 또한 *Tradition and Design*도 참조하라.

소시킨 것이 특징이다. 그 밖에 독특한 누가의 특징들은 잔치들과 여행들이 두드러지는 데서 볼 수 있으며 또한 부자들과 가난한 자들에게 관심을 기울이고 있다. 그리하여 누가가 작가(writer)로서 그의 탁월한 창의력을 발휘하는 곳이 바로 이러한 내용에서이다.

그러나 이것은 누가가 어떤 자료도 전혀 없이 복음서를 기록했다는 것을 의미하지 않는다. 실제로 드루어리(Drury)는 학자들이 누가의 "특수 자료"를 찾고 있긴 하지만, 그것은 그들에게 처음부터 명백하게 보였을 것으로 생각하고 있다. 그것은 바로 구약성경이다. 누가는 미드라쉬의 유대교적 문학적 기법을 따라 가장 간략한 구약적 언급들에서 이야기들을 창의적으로 구성할 수 있었다. 예를 들어, 선한 사마리아인의 이야기는 역대하 28:14-15에 대한 미드라쉬(midrash)였을 것이다. 이 구절에서 병기를 가진 사람들이 유다에서 온 일단의 사람들을 공격한 후, 사마리아에서 온 어떤 사람들이 와서 그들에게 "옷을 입히며…먹이고 마시우며 기름을 바르고 그 약한 자는 나귀에 태워 데리고 종려나무 성 여리고에 이르러…"라고 말하고 있다. 드루어리(Drury)에 의하면, 이 간략한 역사적 기록이 누가에게 그가 훨씬 더 발전시킨 예증 이야기에 핵심적인 요소들을 제공해 주었다는 것이다. 그 밖의 경우에 있어서 드루어리(Drury)는 누가의 이야기들이 이전에 독립되어 있던 구약 언급들의 잡다한 내용들을 모자이크한 것으로 생각하고 있다.

존 도우너후(John Donahue)도 책 『복음서의 비유』(*The Gospel in Parable*)에서 누가복음의 독특한 비유들이 전체 복음서의 신학적 경향과 조화를 이루고 있는 것으로 보고 있다.[39] 그 이야기들의 현실주의와 일상생활에 대한 관심은 누가의 종말론으로의 변화를 반영하고 있다. 그의 복음서 전체를 통하여, 누가는 구원의 장소를 종말에

---

39) John Donahue, *The Gospel in Parable. Metaphor Narrative and Theology in the Synoptic Gospels*(Philadelphia: Fortress Press, 1988).

서 그리스도인의 삶의 일상 경험으로 옮기고자 한다. 이것은 "하나님의 나라가 당장에 나타날 줄로" 생각하는 사람들을 예수께서 교정시키는 일(19:11)과 그리고 누가복음 전체에서 "오늘" 또는 "매일"이라는 말이 자주 나타나는 것에서(4:21; 5:26; 9:23; 11:3; 13:22; 19:5, 9; 23:43)에서 볼 수 있다.

그러므로 누가의 독특한 비유들에서 그의 관심사는 하나님 나라의 도래에 있는 것이 아니라 일상 사람들의 지상 생활에 있는 것이다. 도우너후(Donahue)도 마찬가지로 누가의 비유들에서 회심으로의 부르심들과 전체 복음서의 특징인 증인의 신학(a theology of witness)을 발견하고 있다.

3. 수난 설화(The Passion Narrative)

예수의 수난에 대한 누가의 이야기가 마가복음이나 마태복음에 나오는 것과 상당한 차이가 있다는 것은 이들 기사를 잠시 비교해 보면 분명하게 드러난다. 예를 들어, 마태복음과 마가복음에서 예수는 십자가에서 단 한번만 말씀하신 것으로 보도하고 있는데, 이 때 예수는 "나의 하나님, 나의 하나님, 어찌하여 나를 버리셨나이까?"라는 버리심의 소리를 지르셨다. 누가는 이 말씀을 생략하고 있으며, 뿐만 아니라 세 개나 더 많은 "십자가상의 말씀들"을 삽입하고 있는데, 이들은 신약성경 다른 어느 곳에서도 나타나지 않는다: "아버지여 저희를 사하여 주옵소서 자기의 하는 것을 알지 못함이니이다"(23:34), "내가 진실로 네게 이르노니 오늘 네가 나와 함께 낙원에 있으리라"(23:43), 그리고 "아버지여 내 영혼을 아버지 손에 부탁하나이다"(23:46)이다.

학자들은 종종 누가가 마가복음에 들어 있는 내용 이외의 다른 예수의 수난 이야기를 어떻게 해서 소유하게 되었는지에 대해 의아해 하고 있다. 그러나 자료들의 범위와 기원을 결정하기 위한 수많은 연구들은 그 내용들의 언어적이고 문체적인 특징들에 초점을 맞추고 있지만, 대체로 그러한 연구들의 결과는 하나의 분명한 해결책을 제시하지 않고서는 서로를 무효화시킬 뿐이다.[40] 최근의 연구들은 그 강조점을 사고 내용(thought-content)으로 옮겨 누가의 전반적인 편집적 및 구성적 기술에 비추어 그 내용들을 살펴보고 있다. 마리온 소우드(Marion Soards)는 그의 책『누가복음의 수난』(The Passion According to Luke)에서 이러한 접근법을 누가복음 22장에 적용하고 있다.[41] 소우드(Soards)는 이 단락에 있는 특별한 내용이 하나의 연속적인 설화임을 입증하기에는 충분히 실질적이지 않다는 것으로 생각한다. 그보다는 오히려 이 단락이 보다 작은 독립적인 단위들임을 보여주는 것 같다는 것이다. 따라서 그는 누가가 마가 이외에 다른 어떤 단일의 일관성 있는 자료를 가지고 있지 않았다고 결정을 내린다. 누가는 그 내용을 다시금 배열하고, 구두 전승에서 발췌한 약간의 새로운 정보를 첨가하고, 또한 그 자신이 몇 부분을 자유롭게 구성함으로써 마가 기사를 편집했던 것이다. 이 모든 작업은 누가의 독특한 신학적 목적들과 일치시켜 수행하였다. 무엇보다도 그는 수난이 종말을 개시하는 신적 계획의 실현임을 보여주려고 하였다. 예수는 수난 사건들 중에 체포된 것으로 나타나며 또한 제자들은 예수의 예언들이 그들 안에서 이루어진 것으로 묘사되고 있다. 이 모든 것을 통하여 누가의 독자들은 하나님의 계획에 관하여 가르침을 받았던 것이다.

프랭크 매터러(Frank Matera)의 연구인『수난 설화와 복음서의 신학』(Passion Narratives and Gospel Theologies)은 다소 지나치

---

40) 예를 들어 A. M. Perry, The Sources of Luke's Possion Narrative(Chicago: Chicago University Press, 1920); Vincent Taylor, The Passion Narrative of St. Luke, ed. by O. E. Evans. SNTSMS 19(Cambridge: Cambridge University Press, 1972)를 참조하라.

41) Marion L. Soards, The Passion According to Luke. The Special Material of Luck 22. JSNTSS 14(Sheffield, England: Sheffield Academic Press, 1987).

게 세밀하긴 하지만 22장과 23장 모두를 남김 없이 다루고 있다.[42] 매터러(Matera)도 누가복음의 수난 설화의 독특한 요소들이 그의 저작 전체에 걸쳐 발전되고 있는 주제들을 나타내고 있다고 생각한다. 예를 들면, 누가가 예수를 수난 사건들을 지배하시는 분으로 묘사하는 것은 수난이 그의 운명이라는 개념을 강화시키고 있다는 것이다. 아울러 이러한 개념은 예루살렘이 그 목적지인 긴 여행 설화에서(9:51-19:44), 그리고 예수께서 고난을 "받으셔야" 한다는 반복되는 단언에서도(9:22, 44; 17:25; 24:7, 26, 44) 나타나고 있다. 또한 누가는 그의 수난 기사를 제자도의 마지막 교훈으로 제시하고 있는데, 이는 예수께서 계속적으로 그의 제자들에게 가르쳤던 가르침의 절정을 이루고 있다. 예수께서 그의 죽음이 가까워지자 종이 되는 것이, 환난에 직면하는 것이, 그리고 자기의 십자가를 지는 것이 무엇을 의미하는가를 제자들에게 보여주고 계신다. 마지막으로 누가는 예수가 하나님으로부터 거절당한 선지자일 뿐아니라 하나님의 왕적인 아들임을 보여주는 방식으로 수난 설화를 이야기하고 있다. 매터러(Matera)는 이들 두 초상, 즉 선지자로서의 예수와 하나님의 왕적인 아들이 누가 설화 전체에 걸쳐서 나타나는 기독론을 나타내고 있는 것으로 생각한다.

간단히 말해서 누가 수난 설화의 특별한 주제들은 복음서 저자 자신의 신학적인 관심사들을 반영하는 것으로 간주될 수 있다. 이것은 위에서 언급한 세 "십자가상의 말씀"에도 해당된다. 자신을 박해하는 사람들을 위한 예수의 기도(23:34)는 본문상 불확실하지만, 그러나 그의 죽음을 제자도의 한 모델로 제시하고 있다. 말하자면 예수께서 전에 제자들에게 그들을 모욕하는 자를 위하여 기도하라(6:28)고 가르치셨다. 행악자들에 대한 예수의 말씀(23:43) 중에 "오늘"은 다른

---

42) Frank J. Matera, *Passion Narratives and Gospel Theologies. Interpreting the Synoptics Through Their Passion Stories*. TI(New York: Paulist Press, 1986).

곳에서도 강조되는 구원의 현재성을 가리키고 있으며(2:11; 4:21; 5:26; 19:9), 마찬가지로 그의 나라에 대한 언급(23:42)은 그의 왕적인 신분을 가리키고 있다. 결국 예수께서 "아버지여 내 영혼을 아버지 손에 부탁하나이다"(23:46)라고 기도하실 때, 그는 그의 신적인 아들됨과 또한 수난을 그의 운명으로 고귀하게 받아들일 것을 동시에 확언하고 있는 것이다.

누가복음과 사도행전

대체로 누가가 세 번째 복음서뿐만 아니라 사도행전의 저자로 인정되기 때문에, 누가의 구성 기술을 연구하는 사람들은 이 두 저작을 비교하는 일에 관심을 가지고 있다. 찰스 탈버트(Charles Talbert)는 그의 책 『누가행전의 문학적 형태, 신학적 주제 및 장르』(Literary Patterns, Theological Themes, and the Genre of Luke-Acts)에서 이러한 작업을 하고 있는데, 그는 이 누가복음과 사도행전이 얼핏 나타나는 것보다 훨씬 더 긴밀하게 연관되어 있음을 발견하고 있다.[43]

탈버트(Talbert)가 누가복음과 사도행전 사이의 서로 비슷한 내용에 관심을 가지고 있는 것은 이들이 전반적으로 동일한 형태에 따라 구성되었음을 보여준다는 것이다. 분명히 두 문헌 등은 하나의 판에 박힌 서문으로 시작하고 있다(눅 1:1-4; 행 1:1-5). 누가복음 앞 부분에서 성령이 예수께서 세례를 받으실 때 그의 위에 강림하신다(눅 3:22). 그리고 사도행전에서, 사도들도 성령으로 세례를 받는다(2:24). 각 책에서 예수와 사도들 모두 선포와 병고침의 사역으로 시작하여 또한 모두 종교 지도자들과 갈등을 겪고 있다. 아울러 예수의 예루살렘 여행(9:51-19:28)과 특히 마지막 여행이 예루살렘에서 끝

---

43) Charles Talbert, *Literary Patterns, Theological Themes, and the Genre of Luke-Acts*(Missoula, MT: Scholars Press, 1974).

나는(행 19:21-21:17) 바울의 선교 여행 사이에 병행되는 내용들을 볼 수 있다. 그리고 예수께서 여러 지도자들 사이에 왔다 갔다 하는 예수의 재판 기사도 사도행전을 끝맺고 있는 바울의 재판과 부합한다.

이와 같이 누가복음과 사도행전 사이에 전반적으로 일치하는 것들은 충분히 흥미 있는 것이지만, 그러나 탈버트(Talbert)는 더 깊이 파고 들어가서 때때로 이 두 문헌이 세부적인 부분에 있어서도 일치한다고 생각하고 있다. 예를 들어, 누가복음 5:17-26에서 예수께서 앉은뱅이를 고치시는 일은 사도행전 3:1-10에서 예수의 이름으로 앉은뱅이를 고치는 일과 어울린다. 마찬가지로 예수와 베드로 모두 로마의 백부장 집에 초대를 받는다(눅 7:1-10; 행 10장). 각각의 재판 기사에서, 예수(눅 23:4, 14, 22)와 바울(행 23:9; 25:25; 26:31) 모두 세 번이나 무죄임이 선언되고 있다. 이렇게 세부적인 내용의 일치가 존재한다는 점이 탈버트(Talbert)에게 누가가 틀림없이 어떤 류의 예비적인 계획을 가지고 두 권으로 된 그의 저작을 썼을 것이라는 확신을 주었던 것이다. 이 저작의 구성이나 "설계"는 그 당시의 다른 문학적 대작에 분명히 나타나는 것처럼 신중하고 세밀한 구성을 보여주고 있다. 실제로 보다 더 자세히 조사해 보면, 누가가 이 두 권의 책에서 단락들과 하부 단락들을 구성하면서 유사한 도식을 보다 작은 규모로 적용하였음을 보여주고 있다. 예를 들면, 누가복음 9장과 누가복음 22-23장 사이에 그리고 사도행전 1-12장과 사도행전 13-28장 사이에 현저한 병행 부분들이 있다. 탈버트(Talbert)는 이렇게 정교한 구성 기술의 기능이 부분적으로 심미적이긴 하지만, 아울러 그 당시의 독자들과 청중들에게 기억을 돕는 역할을 했을 것으로 주장한다. 게다가 형태들(patterns)도 이 저작의 의미를 해석하는데 도움을 준다. 적어도 누가복음과 사도행전 사이에 문학적으로 일치하는 내용들은 이 복음서 저자에게 있는 특유의 확신, 말하자면 예수의 이야기와 교회의 이야기 모두 다른 하나가 없으면 불완전하다는 것을 보여주고 있는 것이다.

결론

이 장은 누가복음을 형성시킨 자료들과 구성 기술에 관한 현재의 토론을 묘사하려고 하였다. 이것은 이미 말한 내용을 본서의 마지막 장에서 제시한 여러 모델에 비추어 재고해 보면 유익할 것이다. 학자들은 때때로 복음서 저자에 관하여 역사가로, 신학자로, 혹은 문학적 예술가로 누가에게 다양하게 접근하고 있다.

존 클로펜보르그(John Kloppenborg)와 리차드 에드워드(Richard Edwards)같은 학자들은 역사가로서의 누가에 관심이 있다. 왜냐하면 그들은 누가복음이 또 하나의 다른 잃어버린 Q 자료를 복원하는데 귀중한 자료가 되는 것으로 생각하기 때문이다. 여기에 논의한 연구에서 최소한 그들은 누가가 주로 Q 자료로 작업을 하여 Q 자료를 원상태로 돌려 보다 원초적인 전승층으로 되돌아갈 수 있다는데 관심이 있는 사람들이다. 또 한 사람의 중요한 학자인 제임스 토빈슨(James Robinson)은 Q를 "우리들이 가지고 있는 가장 중요한 기독교 문헌"으로 부르고 있으며 또한 그는 Q 자료의 최종적 재구성을 하는데 몸을 바친 일단의 그룹을 형성하고 있는 사람이다.[44] 윌리엄 파머(William Farmer)는 그러한 계획의 방법론적인 전제들과 정경적 함축성의 문제 모두를 가지고 있다. 왜냐하면 그는 어떤 사람들이 자신이 생각하기로는 결코 존재하지 않았던 한 문헌의 재구성된 사본을 확고하게 할려는 그 때를 두려워하기 때문이다.[45]

대부분의 학자들은 누가가 여러 자료들을 사용했다는 점에 관심을 가지고 있는데 이 점이 복음서 저자를 신학자로 이해하는 데 빛을 던져 주기 때문이다. 상당히 표준적인 방법론은 조셉 피츠마이어

---

44) James M. Robinson, "The Sayings of Jesus: 'Q'." *DG* 54(1983): 26-38, p. 28; Farmer, "Source Criticism," p. 52에서 인용. Robinson은 그가 1983년에 설립한 Society of Biblical Literature의 Q에 대한 세미나에서 지도적인 역할을 하고 있다.

45) Farmer, "Source Criticism," p. 52.

(Joseph Fitzmyer), 잔 람브레히트(Jan Lambrecht), 그리고 헬무트 에겔크라우트(Helmuth Egelkraut)와 같은 학자들에 의해 개발되었는데, 이들은 누가의 특별한 신학적 경향들을 밝혀내기 위한 노력으로 누가가 마가나 Q에서 끌어낸 내용을 어떻게 편집(redaction)하고 있는가를 살펴보고 있다. 그러나 요즈음 두 자료 가설의 타당성에 관한 학자들의 의견 일치가 부족한 것이 이러한 접근을 수용하는 것을 제한시키고 있다. 비록 대부분의 학자들이 확립된 모델로 계속 연구하려고 하지만(이 책의 나머지 부분이 보여 주듯이), 그들은 실망시킬 것을 알고서 그렇게 하고 있기 때문에 그들의 연구 결과는 몇몇 사람들에 의해 보잘것없는 것으로 간주될 것이다.

아마도 누가를 문학적 예술가(literary artist)로 생각하는 접근들에 증대하는 관심을 가지도록 도움을 준 것이 바로 이러한 실망이다. 누가행전에 대한 찰스 탈버트(Charless Talbert)의 연구와 이 장에서 논의한 누가 특수 자료에 대한 몇 가지 연구들은 이 저작 전체에서 식별될 수 있는 문학적 형태들과 신학적 주제들에 초점을 맞추는 것에 대한 이러한 경향을 나타내고 있다. 이러한 연구들은 종종 어떤 특별한 자료 가설을 가정하는 것이 아니라, 광범위한 문학적 기법들과 구성 요소들에 보다 많은 관심을 기울이고 있다. 비록 궁극적으로는 여전히 신학자로서의 누가에 관심이 있음에도 불구하고, 이들 연구의 경향은 누가를 편집자(editor)라기보다는 하나의 저자(author)로 생각하는 것이다.

제3장
누가 공동체의 관심사들

누가 공동체의 위치는 결정될 수 없다. 왜냐하면 심지어 고대에서도 그 전승들이 매우 다양하기 때문이다.[1] 그럼에도 불구하고 학자들은 누가의 교회가 직면한 몇 가지 당면한 문제들을 누가의 저작 내에 있는 실마리에서 식별할 수 있다고 믿고 있다. 사도행전이 여기에서 중요한 가치를 지닌 것으로 간주되는데, 왜냐하면 어느 정도 이 공동체의 관심사들이 누가복음에 있는 것보다 더 명백하게 나타나기 때문이다. 누가가 쓴 두 권의 책 중 어느 것에서도 누가 공동체에 관해 무언가 알 수 있다는 확신은 두 책 모두를 해석하는 데 있어서 도움을 줄 것이다.

파루시아의 문제

한스 콘첼만(Hans Conzelmann)은 누가 신학에 대한 그의 고전

---

1) 아가야, 보이오티아, 그리고 로마 등의 언급들이 나타난다. 현대의 해석자들은 가이사랴, 소아시아, 혹은 데가볼리 등을 제시하고 있다. 유일한 합의는 누가복음이 팔레스틴에서는 기록되지 않았다는 것이다.

적 종합(Synthesis)에서[2] 복음서 저자가 직면하고 있는 가장 중대한 문제가 파루시아(parousia)의 역사적 지연인 것으로 생각했다는 것을 이미 지적하였다. 이러한 주장에 대한 주요한 증거는 사도행전 자체가 존재하고 있다는 점이다. 왜냐하면 어떤 다른 사람이 "만일 언제라도 세계의 종말을 기대하고 있다면 교회사는 쓰여지지 않을 것이다"라고 말했기 때문이다.[3] 물론 누가의 저작 전체에서 지연의 기간 (a period of delay)에 대한 분명한 언급들이 흩어져 있다(예를 들면, 13:38, 45; 19:11; 21:24). 콘첼만의 재구성에 의하면, 예수와 초대 그리스도인들은 파루시아가 분명히 자신들의 세대 내에 매우 빨리 일어날 것으로 기대하였다. 그런데 이 파루시아가 일어나지 않자, 교회는 대단히 큰 정도의 신학적 위기에 직면하게 되었다는 것이다.

콘첼만은 누가로 하여금 그의 구원사 도식을 발전시키도록 동기를 부여한 것이 바로 파루시아의 지연 문제라고 생각하고 있다. 누가는 연장되고 또한 신적으로 정해진 "교회의 시대"(Age of the Church)를 가정함으로써 임박한 종말의 기대를 뿌리채 뽑으려고 했다는 것이다. 그러한 신학적 변화의 결과들은 수없이 많다. 즉 윤리의 기초가 재해석되고, 교회와 사회의 관계가 연구되어졌으며, 선교의 목적이 확고해지고, 또한 교회의 삶에서 성령과 전승의 올바른 위치가 숙고되어졌다. 간단히 말해서 콘첼만은 누가 신학을 이해하는 출발점은 곧 구원사에 대한 누가의 구원사 개념이며, 아울러 이 개념이 파루시아 문제에 의해 야기되었다고 생각하고 있는 것이다.

이러한 콘첼만의 제안이 인상적이긴 하지만 최근에는 그의 제안이 대접을 잘 받지 못하고 있다. 누가가 파루시아를 퇴보시켰다고 생각하는 학자들은 실로 얼마 되지 않는다. 마틸(A. J. Mattill)은 그의 책 『누가와 종말』(*Luke and the Last Things*)에서 복음서 저자가

---

2) *The Theology of St. Luke*. 본서 1장에 있는 개요를 참조하라.
3) Käsemann, "Historical Jesus," p. 28. cf. Vielhauer, pp. 45-48.

열정을 가지고 기록하였는데 이는 파루시아가 임박했다고 그가 생각했기 때문이라는 주장을 하고 있다.[4] 누가복음에서 예수는 그의 제자들에게 하나님의 나라가 가까이 왔음을 선포하도록 가르치셨으며(10:9, 11) 또한 "이 세대"에 대한 하나의 표적으로써 재림을 약속하셨다(11:30; 21:32). 사도행전에서는 최후 심판이 "얼마되지 않아서" 혹은 "곧" 일어날 것으로 언급되고 있다(행 17:31; 24:15, 25).[5] 마틸(Mattill)은 누가의 저작들이 묵시적인 표현으로 가득차 있음을 발견하고 그리하여 복음서 저자가 마지막 거룩한 전쟁이 이미 시작한 것으로 생각하고 있다고 결론을 내린다. 그는 교회에 대해 종말이 이제 가까이 오고 있다는 과업에 새로운 자극을 주기 위해 기록되었다는 것이다.

그 외에 많은 학자들도 마틸(Mattill)이 인용하고 있는 여러 본문에 주목하고서 이들을 콘첼만이 설명하고 있는 파루시아 지연 주제와 조화시키려고 하고 있다. 파루시아가 여전히 임박해 있다는 생각을 버리지 않고서도 파루시아가 연기된 것으로 간주하는 것이 누가에게는 불가능한가? 한스 바르취(Hans Bartsch)는 그의 책『항상 깨어 있으라』(*Wachtet aber zu jeder Zeit*)에서 두 가지 측면의 접근법으로 이를 해결하려고 한다.[6] 이 책의 제목은 누가복음 21:36에서 실

---

4) A. J. Mattill, *Luke and the Last Things: A Perspective for the Understanding of Lukan Thought*(Dillsboro, NC: Western North Carolina Press, 1979).

5) Mattill은 헬라어 mello에 대해 웨이머쓰(Weymouth) 영역본을 따른다. 몇몇 영역본들은 이 단어를 임박성의 어떤 의미 없이 미래를 가리키는 것으로 이해한다. Richard Weymouth, *The New Testament in Modern Speech*, ed. by Ernest Hampden-Cook. 3rd. ed. (Boston: Pilgrim Press, 1909).

6) Hans W. Bartsch, *Wachtet aber zu jeder Zeit! Entwurf einer Auslegung des Lukasevangeliums*(Hamburg-Bergstedt: Herbert Reich-Evangelischer Verlag, 1963).

마리를 얻고 있는데, 이는 누가의 주된 관심사가 파루시아에 관한 것으로 바르취(Bartsch)가 생각하고 있음을 가리키고 있다. 파루시아는 불명확한 미래에 속하긴 하지만, 그렇다고 해서 파루시아가 연기되었음을 의미하는 것은 아니다. 정확히 미래는 불명확하기 때문에, 파루시아는 항상 임박해 있다. 누가가 반드시 연장된 교회 시기를 예견하고 있는 것은 아니다. 즉 누가가 마음 속에 그리고 있는 것은 영원히 위기 속에 살아가고 있는 교회인 것이다. 따라서 만일 파루시아의 지연이 누가에게 어떤 문제를 야기시켰다면, 그것은 실망이 아니라 방종(laxity)의 문제인 것이다. 누가는 파루시아를 없애 버리는 것이 아니라 종말론적 인식을 새롭게 하기를 원하고 있는 것이다. 그러나 동시에 그는 파루시아를 여전히 오고 있는 사건으로 간주하는데 주의를 기울이고 있다. 디모데후서 2:18에 의하면, 초대 교회에서 이미 마지막 부활이 지나갔다고 생각하는 사람들이 있었다. 그리하여 누가는 어떤 사람들에게는 파루시아를 연기하고 또 다른 사람들에게는 임박한 파루시아를 선포해야만 하였다. 명백히 애매한 표현은 누가가 두 전선에서 싸우고 있다는 것에서 해결될 수 있는 것이다.[7]

지금까지 모든 사람들에 의해 논의된 콘첼만에 대해 퍼부어진 비판은 콘첼만이 누가 자료의 중요한 요소, 말하자면 종말이 가까운 것으로 나타내는 구절들을 다루는데 실패했다는 것이다. 또 하나 보다 광범위하게 기초하고 있는 비판은 누가의 계획이 양자택일적인 동기임을 콘첼만이 생각하지 못했다는 것이다. 심지어 누가가 파루시아를 연기했다는 그의 인식에 견해를 같이하는 사람들조차도 이러한 이유로 콘첼만을 비난하는 경향이 있다. 즉 콘첼만이 파루시아 지연의 문

---

7) "두 전선" 이론에 대한 또 하나의 해석은 Stephen Wilson의 책 *The Gentiles and the Gentile Mission in Luke-Acts*에서 제시되었다. Wilson은 누가가 한편으로는 묵시주의(apocalypticism)의 부활에 대하여 그리고 또 다른 한편으로는 파루시아가 전혀 없을 것이라는 견해에 대응하고 있다고 생각한다.

제의 의미를 과장했다는 것이다. 어떤 학자들은 누가가 자신의 자료들로부터 연장된 시간적 간격의 개념을 이어받았다고 생각한다.[8] 다른 학자들은 누가가 어떤 부수적인 신학적 상처 없이 그것을 하나의 역사적 사실로 단순히 인정했는가의 여부를 묻고 있다.[9] 구원사 도식의 발전은 그 밖의 이유들로서도 설명되어질 수 있다.[10]

요약하자면 이 문제에 대해 학자들은 누가의 주요 관심사를 구성하는 파루시아 지연 그 자체가 아니라 오히려 그 지연 기간 동안에 무슨 일이 일어났는가에 대해 견해를 같이하는 것 같다. 즉 거짓 교사들이 일어났으며 또한 사람들이 미혹되었다는 것이다. 그 공동체는 박해와 환난으로 고난을 당하고 있었다. 예루살렘 성전이 파괴되었으

---

8) 이것은 I. H. Marshall의 견해인데, 이는 1장에서 논의하였다. 아울러 Oscar Cullmann, *Salvation in History*(New York: Harper and Row, 1967; German original published in 1966)도 참조하라.

9) **Kümmel**("Theological Accusations")은 누가가 지연(delay)이 훨씬 더 오래 지속된다는 것을 기대하지 않고 이미 일어난 지연을 인정하고 있다.

아울러 Fred O. Francis, "Eschatology and History in Luke-Acts," *JAAR* 37(1969): 49-63을 참조하라.

10) C. K. Barrett(*Luke the Historian*, pp. 62-66)는 구원을 역사속에 기초시키는 것이 무역사적 영지주의의 경향들에 대한 하나의 방어가 된다고 생각한다. Georg Braumann과 **Frieder Schütz**는 이 도식이 과거에 위로받기를 기대하고 있는 박해받는 교회의 결과라고 생각한다. Braumann에 대해서는, "Das Mittel der Zeit Erwägungen zur Theologie des Lukas," *ZNW* 54(1963): 117-45을 보라; **Schütz**에 대해서는, *Der Leidende Christus. Die angefochtene Gemeinde und das Christus Kerygma der lukanischen Schriften*. BWANT 89(Stuttgart: W. Kohlhammer, 1969), pp. 91-92을 보라. 한 역사적 체제의 발전은 교회가 유대교와는 다른 하나의 실체를 드러낼 때 교회가 명확히 할 필요성을 경험하는 것에 기인할 수도 있다. Philip Esler, *Community and Gospel in Luke-Acts. The Social and Political Motivations of Lucan Theology*(Great Britain: Cambridge University Press, 1987)을 참조하라.

며 또한 이스라엘에 대한 사역이 거의 중단되기에 이르렀다. 그 동안 이방인들이 놀랄 만한 숫자로 복음을 받아들였으며, 그리하여 그 운동의 전체 사회적 구조를 변화시켜 나갔다. 미래에 대한 누가의 견해가 무엇이었든 간에, 누가의 당면한 대처를 요구하는 현재적 문제들로 가득했던 것이다.

거짓 교훈

찰스 탈버트(Charles H. Talbert)는 그의 책 『누가와 영지주의』(Luke and the Gnostics)에서 누가행전의 주요 목적이 교회 안의 거짓 교훈을 방어하기 위한 것이라고 주장하였다.[11] 특히 누가가 싸우고 있는 이단들은 대개 영지주의와 관련있는 사상들이었다.[12] 탈버트가 생각하고 있는 것처럼, 영지주의의 체제는 그리스도의 가현적 견해를 강조하는 극단적인 이원론(dualism)에 근거하고 있다. 영지주의 교사들은 모든 물질(matter)과 육체(flesh)가 본질적으로 악하다는 생각을 가지고 있기 때문에, 그들은 그리스도를 실제로 고난을 당하거나 죽을 수 없는 영적인 존재로 묘사하였다. 육체적 부활이라는 사상은 특히 그들에게 혐오스러운 것이었다. 왜냐하면 그들은 구원이 육체의 비참함에서 벗어나는 것으로 생각했기 때문이다. 이 영지주의 교사들은 구약성경을 그들 나름대로 독특하게 주해하는 일에 관심을 두었으며 그 밖에 신약 문헌에서 이들에 대해 공격하고 있는 것에서 알 수 있듯이 1세기에 상당한 영향을 미쳤다.[13]

---

11) Charles Talbert, Luke and the Gnostics. An Examination of the Lucan Purpose(Nashville: Abingdon, 1966).

12) 어떤 학자들은 이 사상들을 후대에 완정히 성숙한 영지주의 체계와는 차이가 있는 것으로 Talbert가 언급한 "전(前)영지 주의적 경향들"(pre-Gnostic tendncies)로 부르기를 좋아한다.

13) 예를 들면 고전 15:12; 골 2:8-9; 딤전 4:1-3; 딤후 2:18; 요일 4:1-2을 참조하라. 요한계시록에 언급되어 있는 니골라당은 2세기에 영지주

탈버트(Talbert)는 누가복음이 이러한 사상들의 가치를 떨어뜨리기 위해 예수님을 다음과 같은 방식으로 제시하고 있는 것에 대해 주목하고 있다. 즉 누가는 그리스도를 인간 예수로 동일시하고 있으며(4:16-24; 6:1-5; 7:27-30; 20:17-18), 그가 고난당하시고, 죽임을 당하고, 다시 살아나야 할 것을 강조하고 있으며(9:22, 44-45; 17:25; 18:31-34; 22:37; 24:6-11; 24:25-27), 그리고 앞으로 전체적인 부활이 있을 것임을 확언한다(20:37).[14] 그러나 누가는 거기에서 멈추지 않는다. 그는 사도들을 예수의 삶과 죽음과 부활에 대한 진정한 증인들로 확증시키며 또한 그들을 성경의 정통한 해석자들로 철저하게 제시한다. 그리하여 그는 자기들 나름대로의 해석들과 계시들을 내어놓는 사람들의 발판을 잃어버리게 하려고 한다. 누가의 교회에 있어서 믿을만한 증인들의 증거에 기초한 전승의 정당한 계승이 있는 것이다. 누가가 전승의 진정성에 대해 보여주는 관심사의 정도는 그가 신뢰할 수 없는 것으로 생각하고 있는 몇몇 전승들이 있었음을 전제하고 있다.

한때 누가가 영지주의와 싸우고 있음이 인식되었는데, 누가의 저작에서 새로운 의미를 가지고 있는 여러 구절들이 있다. 예를 들어 탈버트(Talbert)는 동정녀 탄생의 이야기가 예수님이 인간의 부모를 가지고 있다기보다는 오히려 예수의 영적인 기원을 입증하고 있다고 주장한다. 마찬가지로 족보가 분명히 하고 있는 것은 하나님의 아들 됨이 예수를 그의 인간적 혈통에서 분리시키지 않는다는 것이다(3:38 참조). 아울러 누가복음에 있는 부활 현현들도 부활하신 주님의 육체성(physicality)을 강조하고 있다. 즉 예수께서 그의 제자들과 함께 잡수시며 또한 영(spirit)과는 달리 "살과 뼈"를 가지고 있음을 강조하고 있다(24:39-43).

의적 분파로 이어졌다. 이들은 사도행전 6:5에 언급되어 있는 헬라파 니골라와 연관되기도 한다.

14) Talbert는 동일한 세 가지 주제가 사도행전 전체에 걸쳐 설명되어 있는 것을 찾아내고 있다.

환난(Tribulation)

누가가 "우리가 하나님 나라에 들어가려면 많은 환난을 겪어야 할 것이라"(행 14:22)는 바울의 말을 기록하면서, 아마도 그는 자신의 공동체의 상황을 염두에 두고 있었을 것이다. 누가복음에서 예수는 그리스도인들이 자신을 인하여 사회적 추방(6:22; 21:16-17)과 폭력적인 핍박(11:49; 21:12)을 포함하는 무서운 고통을 견뎌내어야 할 것을 예언하셨다. 사도행전은 그러한 예언들이 성취된 것에 대한 풍부한 예증들을 제공하고 있다.

어찌되었던 간에, 대부분의 신약 문헌들은 "불 가운데서의 믿음"(faith under fire)이라는 주제를 다루고 있다. 그러나 슈일러 브라운(Schuyler Brown)에 의하면 누가는 이 주제를 독특한 방식으로 다루고 있다는 것이다.[15] 그의 책 『누가 신학에서의 배교와 인내』(*Apostasy and Perseverance in the Theology of Luke*)에서, 브라운은 누가에게 있어서 불 가운데 있는 개별적인 그리스도인의 믿음이라기보다는 오히려 교회의 믿음이다. 누가는 교회가 환난의 때에 인내해야 하며 배교에 빠져서는 안된다는 것을 보여주는 데 관심이 있다. 비록 예수의 제자들이 무엇 때문에 예수가 반드시 죽어야만 했는가를 이해하지 못했음에도 불구하고, 누가복음에서 그들은 마태복음과 마가복음에서 제자들이 했던 것처럼 그들은 예수를 버리고 도망가지 않는다. 마찬가지로 누가가 알고 있는 베드로의 예수 부인(22:34)은 예수 그 분에 대한 부인을 구성하지 않는다(마 26:34; 막 14:30 참조). 베드로가 비겁함이라는 죄의 희생자가 되었지만, 그러나 그의 믿음은 실패하지 않았다(22:32). 교회의 설립자들 중 배교의 유일한 참된 본보기는 유다이며, 그러나 이것은 맛디아를 선출함으로써 재빨리 회복되었다(행 1:15-26). 누가는 제자들이 예수의 시대와

---

15) Schuyler Brown, *Apostasy and Perseverance in the Theology of Luke*. AnBib 36(Rome: Biblical Institute, 1969).

교회의 시대 사이에 신실한 연관성을 제공하도록 예수의 모든 시험 중에 항상 함께한 사도들로 제시하고 있다(22:28).

누가의 환난에 대한 접근의 또 다른 특징은 누가가 고난을 하나님께서 그리스도인들의 믿음을 시험하고 연단하시는 수단으로 결코 생각하지 않는다는 것이다(고후 1:8-9; 벧전 1:6-7 참조). 반대로 그리스도인들을 시험하는 것은 사단이며 또한 이것은 모든 신실한 그리스도인들이 피해야만 하는 어떤 것이다(11:4; 22:40, 46). 누가는 고난을 개인적인 그리스도인의 관점에서 생각하지 않으며 또한 고난을 잠재적인 구속적 도전으로 간주하지도 않는다. 오히려 그는 교회의 환난들이 사단의 영향 하에 하나님의 구원 계획을 좌절시킬려는 악한 자들에 의해 수행되는 마귀의 공격으로 간주한다. 그러나 교회가 환난 가운데서도 인내하고 또한 어쨌든 새롭게 된 활력을 가지고서 사역을 계속해 나갈 때 마귀의 계획은 실패하는 것이다.

누가의 우선적인 관심사가 그의 복음서가 의존하고 있는 증인들의 신빙성을 확실하게 하는데 있지만, 또한 그는 마찬가지로 그 당시에 환난에 직면하고 있는 교회에 대해 여러 가지 규범들을 제정하고 있다. 사도들에게 있어서 인내는 특별한 성격적 장점이라기보다는 오히려 끊임없는 확신으로 이해되었다. 예수가 당한 모든 시험에 사도들이 함께 한 것과 마찬가지로, 누가 당시의 그리스도인들도 사도들이 그들에게 물려주었던 주의 말씀을 지키도록 요구를 받는다. 따라서 누가는 신실함(faithfulness)을 개인주의적 용어라기 보다는 집합적인 용어로 생각하고 있는 것이다. 고난 당하는 그리스도인의 승리는 내적 투쟁의 결과에 의해서가 아니라 세상과 교회 사이, 즉 사단의 영역과 하나님의 성령의 영역 사이의 우주적 투쟁의 결과에 의해 결정되는 것이다. 그리스도인들은 자신들의 믿음을 입증해 보임으로써가 아니라 교회의 강한 믿음 가운데 머물러 있음으로써 인내하는 것이다.

브라운(Brown)은 누가가 고난받는 그리스도인들이 교회를 가리키고 있다고 생각한다면, 데이비드 타이드(David Tiede)는 누가가 고난받는 그리스도인들을 성령으로 인도하고 있다고 생각한다. 그의 책 『누가행전의 예언과 역사』(Prophecy and History in Luke-Acts) 에서, 타이드(Tiede)는 누가가 그 당시의 환난들의 의미를 이해하기 위해 어떻게 구약성경에 호소하고 있는가를 보여주고 있다.[16] 누가가 발견한 대답들은 역설적이다. 즉 고난은 신실함과 죄의 결과로 온다는 것이다.

예수와 초대 그리스도인들의 고난은 그들이 하나님께 신실했음을 입증한다. 이사야의 "고난받는 종"(suffering servant)과 이스라엘로부터 거절당한 선지자들처럼, 예수와 그의 제자들은 자신들의 핍박을 하나님의 계획의 필수적인 부분으로 받아들였다. 어떤 선지자도 그 선지자가 보냄을 받은 곳의 사람들에 의해 일찍이 받아들여진 적이 없었다는 것은 본질적으로 사실이다. 왜냐하면 참된 선지자의 메시지는 근본적으로 자기 이해를 하기 위한 하나의 도전이 되기 때문이다. 이것을 알고 계신 예수님은 선취적인(proleptic) 의미로 자신이 거절당하실 것을 말씀하실 수 있었으며, 사람들은 마치 이전의 사람들이 그렇게 했던 것처럼 그들도 똑같이 응답했던 것이다(4:22-24).

그러나 타이드(Tiede)가 쓴 책의 주요 초점은 보다 넓은 문맥에서 누가 공동체가 겪은 환난에 대한 것이다. 타이드(Tiede)는 누가가 전체 유대 민족이 당하는 고난들을 공유하는 특별한 유대 그리스도교 공동체를 위해 기록했다고 생각한다. 누가복음이 쓰여지기 직전에 유대인들은 로마와의 비참한 전쟁에 휘말려 있었다. 즉 "하나님의 백성들"은 굴욕을 당했으며 또한 그들의 성전이 파괴되었다. 다른 유대교 집단들과 마찬가지로, 유대 그리스도인들도 "어찌하여 이런 일이 일어날 수 있겠습니까?"라고 물었다. 그러나 그러한 일이 일어난 것이 처음은 아니었다. 성전은 전에도 파괴당한 적이 있었으며 그리고 그

---

16) David Tiede, *Prophecy and History in Luke-Acts* (Philadelphia: Fortress Press, 1980).

들의 성경에서 유대 민족은 지금 새로운 관련성을 가지고 이야기하는 그 사건의 예언적 해석들을 발견하였다. 이러한 말씀들로부터 누가는 예수님과 초대 그리스도인들의 환난과는 달리, 이스라엘의 곤경이 신실함에 기인하지 않는 것으로 결론내린다. 그것은 바로 죄 때문이었다. 이스라엘이 과거에 당한 고난들은 하나님이 보셨던 선지자들에게 주의하지 않은 것과 관련이 있었을 것이다. 마찬가지로 현재의 고난도 이스라엘이 메시야를 거절한 것에 기인하는 것이다.

이 모든 것이 누가와 그의 공동체에 대해 의미하는 것은 그들의 현재적 고난이 하나님의 계획의 한 부분이라는 것이다. 예수님은 신적인 의도와 일치하여 하나님의 통치의 선포자요 대행자(agent)로 오셨다. 필연적으로 예수와 그의 추종자들은 이스라엘로부터 거절을 당하여 현재의 "복수의 날"(days of vengeance)이 일어난 것이다. 현재로는 하나님께서 이방인들에게로 향하신 것같지만, 그러나 이것은 단지 이스라엘에 대한 선지자적 질책에 불과하다. "이방인의 때"가 성취된 후, 이스라엘에 대한 하나님의 약속들이 이루어질 것이며 그리고 이스라엘도 회복될 것이다.

요컨대 타이드(Tiede)는 누가가 히브리 성경에서 예언/거절/심판/옹호라는 신적인 양식을 발견하고 있으며 또한 그는 자신의 공동체와 민족의 환난을 이러한 빛으로 해석하고 있다고 생각한다. 유대 그리스도인들은 거절(rejection)을 겪었으며, 그리고 아이러니컬하게도 그러한 거절의 결과로 지금 모든 유대 민족에게 임한 그 고난을 함께 하지 않으면 안된다. 누가는 이 모든 일이 성경의 성취로 일어났다는 것을 그의 공동체에 보여줌으로써, 하나님의 계획이 실제로 영향력을 행사하고 있으며 따라서 옹호(vindication)라는 궁극적인 목적이 실패하지 않을 것이라는 확신을 제공하고 있는 것이다.

브라운(Brown)과 타이드(Tiede)를 비교해 보면 두 학자 모두 누가가 고난과 환난을 겪고 있는 공동체를 위해 그의 복음서를 기록한 것으로 생각하고 있다. 그러나 브라운은 이 환난과 그리스도 교회의 박해를 동일시하는 반면에, 타이드(Tiede)는 유대 전쟁의 결과에 보다 강조점을 두고 있다. 브라운에게 있어서 누가는 교회가 환난에 어떻게 대처하느냐 하는 문제에 관심이 있다. 그러나 타이드에게 있어서 문제는 왜 그러한 환난이 맨 먼저 오느냐 하는 것이다. 브라운이 생각하는 것처럼, 누가 공동체는 어려움을 당하고 있을 때 확신을 가지기 위해 지나간 일을 회상하고 있으며 또한 인내하고 있는 교회의 믿을 만한 증언을 의지하고 있다. 타이드(Tiede)는 누가와 그의 공동체가 미래를 바라보고 있는 것으로 묘사하고 있는데, 그때는 하나님의 약속들이 성취될 것이다. 그러나 이들 두 표현 사이의 가장 뚜렷한 차이는 브라운은 누가가 극복하는 자들의 공동체를 위해 기록하고 있는 것으로 해석하는, 반면 타이드는 거절(rejection)과 패배(defeat)를 경험하고 있는 공동체를 염두에 두고 있다는 것이다. 브라운이 볼 때에 교회는 많은 시험을 이겨내었으며 그리고 지금은 사단의 공격으로도 훼방당하지 않는 승리의 사역에 참여하고 있다. 타이드는 낮은 자들 중에 가장 낮은 자들로 이루어져 있는 누가 공동체를 재구성하고 있다. 이러한 유대 그리스도인들은 승리자들이 아니라 두 번이나 패배한 자들이다. 즉 이들은 로마에 의한 유대 민족의 굴욕에서 뿐만 아니라 또한 다른 유대인들로부터도 거절을 당하는 고난을 받고 있는 것이다.

누가 공동체에 대한 두 가지 묘사는 역경에 접근하는 이러한 다른 설명들을 어떻게 나타낼 수 있는가? 그 설명은 부분적으로 누가가 우선적으로 유대인들을 위해 썼는가 아니면 이방인들을 위해 썼는가 하는 문제와 관련이 있다. 브라운은 후자를 가정하고 있기 때문에 그는 유대인들(혹은 유대 그리스도인들까지도)의 방해가 누가와 그의 교회에 매우 중요했으리라고는 생각하지 않는다. 다른 한편으로 타이드(Tiede)는 유대 그리스도인들의 누가 공동체를 염두에 두고 있다. 왜냐하면 이방인 선교의 성공들이 그들 자신의 상황의 가혹한 현실을 개선시킬 수 없기 때문이다.

유대인과 이방인

누가 공동체의 인종적 구성이 어떻게 되었든 간에 분명한 것은 누가 공동체는 이방 기독교가 유대교와 어떤 관계가 있는가 하는 문제에 직면해 있었다는 점이다.[17] 많은 학자들은 누가 자신이 이방인이었으며 그리고 그 당시에 기독교가 대체로 이방인들의 종교가 되었다고 생각하고 있다. 그럼에도 불구하고 이 기독교의 설립자들이나 믿음의 영웅들 대부분은 유대인들이었다. 그러면 이러한 현재적인 상황과 전통적인 유산이 어떻게 조화를 이룰 수 있겠는가?

로버트 매독스(Robert Maddox)는 그의 책 『누가행전의 목적』(*The Purpose of Luke-Acts*)에서 주목하기를 누가복음 1장에서 사도행전 28장까지 "이스라엘과 이방인들"이라는 주제의 지속적인 발전이 있다는 것이다.[18] 그것은 명백하게 복음서 저자와 그의 공동체의 절박한 관심사였다. 매독스(Maddox)는 생각하기를 이것은 누가 당시의 유대 공동체가 이방 기독교의 정당성에 이의를 제기하고 있었기 때문이라는 것이다. 문제는 매우 간단한데, 즉 "누가 하나님의 참된 백성인가?" 하는 것이었다. 누가는 유대교를 비판하는 사람들 자체를 납득시키기 위해 이 문제를 채택한 것이 아니다. 그보다는 이들의 주장이 누가 공동체 내에 일으킨 정체성의 위기(identity crisis)을 해결하기 위해서였다. 그는 그리스도인들에게 그들의 역사적 상황과 그리고 유대교와는 관계없는 하나의 제도로서 그들의 존재의 성격을 설명해 주기를 원하고 있다.

누가는 이 일을 어떻게 해내고 있는가? 그는 유대교가 예수와 초대 기독교 선교사들을 거절함으로써 곧 하나님의 구원 계획을 거절하였

---

17) 아래에 언급한 문헌들 외에도 Joseph Tyson, ed. *Luke-Acts and the Jewish People. Eight Critical Perspectives*(Minneapolis: Augsburg Publishing House, 1988)을 참조하라.

18) Robert Maddox, *The Pupose of Luke-Acts*. SNTW(Edinburgh: T & T Clark, 1985; first published, 1982).

음을 보여주고 있다. 그리하여 유대 민족은 하나님으로부터 심판을 받았으며 그리고 대부분 조상 대대로 내려오는 하나님의 약속들에서 배제되었다. 그 약속들이 이제는 이를 받아들이는 사람들 말하자면 이방 그리스도인들에게서 이루어질 것이다. 누가의 관점에서 볼 때 그러한 진전은 이상한 일이 아니다. 왜냐하면 이스라엘의 전체 역사는 하나님에 대해 반역하는 긴 이야기로 해석될 수 있기 때문이다. 그리고 성전 건축까지도 반항의 행위였던 것이다(행 7:41-53).

이 주제에 대한 매독스(Maddox)의 이해는 누가복음의 상이한 요소들을 설명한다. 예를 들면 그는 누가복음에서 예수와 그 밖에 다른 모범적인 인물들의 유대성(Jewishness)을 강조하는 "유대 지향성"(Jewish orientation)을 간파해 내고 있다. 그러나 동시에 예루살렘 심판에 대한 예수의 예언을 제시하고 또한 예수의 처형에서 유대교 지도자들의 역할을 강조하는 "반유대 지향성"(anti-Jewish orientation)도 있다. 누가의 목적은 기독교와 유대교적 소망 사이에 본질적인 연속성이 있음을 보여주고자 하는 것이며, 또한 동시에 왜 그러한 소망이 이스라엘에게는 성취되지 않았는가에 대한 설명을 제공하고 있다. 누가는 이단자들과 변절자들이 그리스도인들이라기 보다는 유대인들이라는 것을 선포함으로써 자신의 비판자들의 비난에 대답하고 있다.

이와 동일한 주제들의 많은 부분이 또한 스티븐 윌슨(Stephen G. Wilson)의 연구서인 『누가행전에서 이방인들과 이방인 선교』(*The Gentiles and the Gentile Mission in Luke-Acts*)에서 진술되고 있다.[19] 매독스(Maddox)는 그리스도교의 메시지가 유대 민족에 의해 거절당했음을 강조하고 있는 반면, 그러나 윌슨(Wilson)은 이방인들이 구원을 받아들였다는 것을 강조하고 있다. 누가는 이방인 선

---

19) Stephen G. Wilson, *The Gentiles and the Gentile Mission in Luke-Acts*. SNTSMS 23(Cambridge: Cambridge University Press, 1973).

교가 단지 "초대 교회의 멋진 아이디어"가 아니며, 또한 이방인 선교가 역사의 단순한 변덕으로 발전된 것이 아님을 보여주는 데 관심이 있다. 오히려 이방인 선교의 기원은 예수의 말씀과 행위에서 나타나고 있다. 누가복음 24:46-49에서 부활하신 예수는 그의 제자들에게 그의 이름으로 죄 사함을 얻게 하는 회개가 "모든 족속에게"(to all nations) 전파될 것을 말씀하셨다. 더욱이 예수는 이 명령과 구약의 예언을 연결시킴으로써 이방인 선교는 하나님의 영원한 뜻에 그 기초를 두고 있는 것이다. 따라서 이방인 선교는 처음부터 하나님의 계획의 필수적인 부분으로 간주되고 있다. 누가복음을 자세히 읽어보면 이 주제가 전체에 걸쳐 일관성 있게 발전되고 있음이 드러난다: 시므온은 예수께서 "이방을 비추는 빛"이 되실 것을 예언한다(2:32). 그리고 세례 요한은 "모든 육체가 하나님의 구원하심을 보리라"고 하였다(3:6). 누가는 예수를 시대착오적으로 그의 일생 동안 이방인 선교를 추구하시는 분으로 묘사하지는 않지만, 그러나 그러한 선교가 하나님의 계획의 일부임은 분명히 하고 있다.

윌슨(Wilson)은 그의 두 번째 연구서인 『누가와 율법』(*Luke and the Law*)에서 이 주제의 또 다른 측면을 탐구하고 있다.[20] 이방인들이 그리스도 교회 안으로 유입되자 유대교 율법의 타당성에 대한 중대한 질문들이 제기되었다. 그러나 누가복음에 대한 그의 연구에서 윌슨(Wilson)은 이 문제가 복음서 저자의 공동체에 대해서는 상당히 해결된 논쟁점인 것으로 결론을 내리고 있다.[21] 누가복음에서 율법에 대한 내용의 다양함과 애매모호함은 어떤 다른 문제보다 그 문제에 대한 그의 무관심을 나타내고 있는 증거라는 것이다. 예를 들면, 예

---

20) Stephen G. Wilson, *Luke and the Law*. SNTSMS 50(Cambridge University Press, 1983).

21) Wilson은 누가가 사도행전을 썼을 때 이 상황이 바뀌었다고 생각한다. 바울에 대한 유대인들(아니면 아마도 유대 그리스도인들)의 공격은 초대 그리스도인들의 율법에 충실할 것을 강조하는 결과를 낳았다.

수는 때때로 율법을 철두철미하게 지키시는 분으로 묘사되지만 (11:42; 16:17) 그러나 다른 곳에서 예수님은 율법을 보충하시거나 (16:18; 18:22) 도전하시는 분으로(6:1-5; 9:59-60) 묘사된다. 이것은 누가가 율법에 관한 예수의 태도와 행동에 특별히 관심이 없기 때문에 누가를 괴롭히는 문제는 아니다. 이 구절들은 다른 이유로 그들에게 중요한 것들이며 또한 율법에 대해 그들이 말하고 있는 것은 우발적이라고 할 수 있다.

누가의 개념은 물론 의심할 바 없이 그의 공동체의 생각을 반영하고 있는데, 즉 유대교 율법은 특정 민족의 관습이라는 것이다(헬라어로 한 ethnos의 ethos). 이에 대한 신학적 근거는 하나님은 당파심이 강한 분이 아니라는 데 있다. 즉 하나님은 유대인과 이방인 사이를 결코 차별하시지 않는 분이라는 개념에 있다. 하지만 여기서 누가의 관심사는 신학적이라기보다는 실제적이다. 말하자면 유대인들의 관습이 이방인들의 관습은 아니라는 것이다. 율법에 따라 살아가는 것은 초기 유대 그리스도인들에게는 당연한 일이었으나, 누가 당시의 이방 그리스도인들에게는 당연하지도 적절하지도 않은 일이었다. 물론 그들이 예수와 사도들에 의해 가르침을 받았기 때문에 모든 그리스도인들에게 기본적인 어떤 근본적인 신념들과 그리고 유대교와 차이가 있는 도덕적 행동이 있었다. 하나님과 이웃을 사랑하는 것은 (10:27) 하나이다. 사도행전 15:22-29에 있는 "사도 훈령"(apostolic decree)도 이러한 문맥에서 해석될 수 있다. 그러나 대부분 누가 공동체는 이방인들이 그들 나름대로의 경건 유형을 가지고 있으며 또한 그것은 유대인들의 경건 유형과 다름없는 것으로 생각하고 있었다. 결국 유대인이 되거나 혹은 이방인이 되는 것은 어떤 이점도 가져다주지 않는데, 왜냐하면 유대인과 이방인 모두 구원을 위해서는 오로지 그리스도만을 의지해야 하기 때문이다(행 15:11).

이 문제와 씨름하고 있는 또 한 사람의 학자인 잭 샌더스(Jack T. Sanders)는 누가가 그렇게 너그러운 사람으로는 생각하지 않는다. 그의 책 『누가행전의 유대인들』(*The Jews in Luke-Acts*)에서, 샌더스는 아마도 매독스(Maddox)의 분석에 함축된 것을 분명히 하고 있는데, 즉 누가가 반셈적(anti-semitic)이라는 것이다.[22] 샌더스는 누가가 기독교에 대한 유대인들의 거부를 강조하고 있다는 점에서는 매독스와 견해를 같이 하지만, 그러나 그렇게 하고 있는 동기가 변증적이라기보다는 논쟁적인 것으로 생각하고 있다. 누가는 이방 그리스도인들의 믿음의 타당성을 확신시키는 일을 넘어서서 다른 신념들의 타당성을 공격하는 일로 나아가고 있다. 더욱이 그의 적의는 단순히 기독교 메시지를 거부하는 사람들을 위한 것이 아니라 또한 이를 받아들이는 사람들을 향하고 있기도 하다. 그의 목표는 바로 유대 그리스도인들인 것이다.

샌더스(Sanders)는 우선 누가 문헌의 "포괄적인 비난들"(blanket condemnations)에 주목하고 있는데, 이에 따르면 유대인들은 본래 난폭한 사람들이며 또한 하나님의 뜻을 거스리는 사람들이다. 이러한 비난들이 주요 인물들의 설교에 전형적으로 나타나며, 한편 설화 내용은 보다 온화한 것이 의미심장하다는 것이다. 누가는 설화를 해석하기 위해 강화 단락들을 사용하는데, 만약 그렇지 않으면 반대는 이스라엘의 지도자에게 돌리고 또한 일반 백성들은 예수에 대해 좀더 수용적인 사람들로 묘사되는 것으로 이해되었을 것이다. 예를 들면 누가의 수난 설화에서 비록 예수를 사형에 처하는데 책임 있는 사람들이 주로 유대교 지도자들이긴 하지만, 바울은 사도행전에서 이 일이 "예루살렘에 사는 자들과 저희 관원들"에 의해 행해진 것으로 말하고 있다(행 13:27). 마찬가지로 예수의 사역 기간 동안에도 예수님

---

22) Jack T. Sanders, *The Jews in Luke-Acts*(Philadelphia: Fortress Press, 1987). Sanders의 연구는 로버트 브로울리의 연구와 비교되어야 하는데 이들의 연구서가 그의 동시에 출판되었지만 그러나 그의 정반대의 결론에 도달하고 있다. Brawley는 누가가 화해를 가져올 것으로 기대하며 유대 적대주의에 대해 변증적으로 응답했다고 생각한다. *Luke-Acts and the Jews: Conflict, Apology and Conciliation*. SBLMS 33(Atlanta: Scholars Press, 1987).

은 유대인들을 "악한 세대"라고 불렀으며 또한 그는 유대인들이 실제로 예수를 사형에 처하기 훨씬 전에도 예수를 거절한 사람들로 간주하신다(4:23).

누가가 단순히 막연한 종교적 및 인종적 편협성을 나타내고 있는 것은 아니다. 그는 그 당시의 이방 기독교 공동체에 대한 구체적인 위협에 의해 자극을 받고 있는 것이다. 샌더스는 사도행전 15:5에서 그러한 위협에 대한 단서를 찾고 있는데, 이곳에서 누가는 이방인 신자들도 할례를 받고 모세 율법을 지켜야 한다고 주장하는 바리새파 그리스도인들을 말하고 있다. 그리하여 샌더스는 율법이 누가 공동체에서 가라앉은 쟁점이라고 말하는 윌슨(Wilson)의 생각에 동의하지 않는다. 샌더스는 누가가 그의 공동체를 "유대주의자들"(Judaizers)의 공격으로부터 방어할 수 밖에 없었다고 생각하는데, 아마도 이들은 바울이 갈라디아서에서 직면한 사람들과 유사할 것이다. 누가는 예수 당시의 유대교 바리새인들이 자신이 살고 있을 당시의 바리새파 그리스도인들을 나타내고 있다는 이야기를 기록함으로써 자신의 입장을 진술하고 있다. 누가복음에서 바리새인들은 참된 신자들처럼 보이지만 실상은 자기 의(self-justification)와 자기 고양(self-exaltation)을 조장하는(16:15; 18:9-14) 외식하는 자들이다(12:1) 누가가 볼 때 율법의 여러 가지 문제에 대해 거듭 예수께 대해 이의를 제기하는 예수의 적대자들과 그리고 비슷한 문제에 대해 그 자신의 공동체를 괴롭히는 유대 그리스도인들 사이에 직접적인 병행관계가 있다.

요컨대 누가는 유대 그리스도인들과 다른 유대인들 사이를 크게 구별하지 않는다. 그 당시의 유대주의자들은 예수님을 죽였던 유대인들이 입은 것과 동일한 옷에서 빠져나왔다. 누가가 생각에서 유대인들이 그리스도인이 되는 것이 정말 가능했는가? 아마도 그랬을 거라고 샌더스(Sanders)는 인정하긴 하지만, 다만 유대인들이 그들 자신의 전통들의 타당성을 기꺼이 부정하고 또한 기독교를 이방인의 종교로도 받아들인다면 말이다. 그럼에도 불구하고 대체로 누가는 "유대인

들이 가치가 있는 것을 얻을 때에 세상은 더 나아질 것이다. 세상은 그들을 버린다"고 생각한다.[23]

비록 학자들이 구체적인 문제에 있어서는 견해의 차이가 있긴 하지만, 누가 공동체에 이방인들이 있다는 것이 그의 신학에 상당한 영향을 미쳤음을 알 수 있다. 매독스(Maddox)는 그 상황이 외부로부터의 공격에 대한 방어를 필요로 하고 있다고 생각한다. 윌슨(Wilson)은 그 상황이 전통의 재평가를 가져왔다고 여기는데, 이에 따르면 현재의 상황을 정당화하는 것처럼 보이는 요소들이 강조되고 있으며 그리고 현재의 상황과 관계가 없는 것처럼 보이는 요소들이 무시되고 있다는 것이다. 샌더스(Sanders)는 누가 공동체에 있는 이방인들이 다른 그리스도인들과의 논쟁에 이르게 한 분열을 촉진시켰다고 주장한다.

제이콥 제르벨(Jacob Jervell)은 완전히 다른 사상 학파를 대표하는 가장 유명한 사람이다. 그의 책 『누가와 하나님의 백성』(*Luke and the People of God*)에서 제르벨은 누가가 주로 이방 그리스도인들을 위해 기록했다는 가정에 이의를 제기하고 있다.[24] 그는 이방인 선교가 복음서 저자에게 있어서 중요한 관심사라는 것은 인정하지

---

23) Ibid., p. 317. Sanders는 "누가가 유대인들을 무용지물로 간주했다"는 Ernst Haenchen의 자주 반복되는 주장을 인용하고 있다. "The Book of Acts as Source Material for the History of Early Chritianity," in *Studies in Luke-Acts*, eds. L. E. Keck and J. L. Martyn, p. 278을 참조하라. Haenchen은 19세기 후반 F. C. Baur에 의해 주장된 구 "튀빙겐 학파"의 입장에 반대하고 있는데, 이들에 의하면 사도행전은 유대 그리스도교와 이방 그리스도교 사이의 화해를 가져오기 위해 기록되었다는 것이다.

24) Jacob Jervell, *Luke and the People of God: A New Look at Luke-Acts*(Minneapolis: Augsburg Publishing House, 1972). 아울러 *The Unknown Paul*(Minneapolis: Augsburg Publishing House, 1984)도 참조하라.

만, 누가가 그것을 유대 기독교의 관점에서 평가했다고 생각한다.
 이처럼 제르벨(Jervell)은 위에서 표현한 사상들 중 많은 것들, 특히 누가에게 있어서 이방인 선교를 유발시킨 것은 유대인들의 기독교 거부라는 주장에 동의하지 않는다. 누가는 유대 민족이 기독교 메시지를 거절한 것으로 나타내지는 않지만, 그러나 사실상 유대인들에 대한 사역을 하나의 엄청난 성공으로 묘사하고 있다. 사도행전은 유대인들이 기독교로의 집단적 회심을 보도하고 있는데(2:41; 4:4; 6:7) 마침내 유대인 중에 믿는 자가 "수만명"이 있는데 다 "율법에 열심 있는 자"라고 말하고 있다(21:20). 게다가 이방인 선교는 유대 기독교의 영역 내에서 수행되었으며 그리고 이방인 선교의 성공은 유대 그리스도인들이 옳았다는 하나의 표시로 여겨졌다. 제르벨(Jervell)에 의하면, 누가는 유대인들이 기독교를 거절한 것보다는 유대인들이 기독교를 수용한 것과 이방인 선교를 연결시키고 있다.
 확실히 제르벨은 누가에게 있어서 기독교가 유대교의 본질이며 또한 유대교의 본질로 남아 있어야 한다고 생각하는데, 왜냐하면 "이스라엘 밖에서는 구원이 없기" 때문이다. 심지어 이스라엘 안에서도 구원이 보장되지 않는다. 왜냐하면 성경은 이스라엘이 회복될 때 회개하지 않는 사람들이 배제될 것임을 오랫 동안 예언했기 때문이다. 누가가 생각할 때 유대 그리스도인들은 회복된 이스라엘을 나타내는 반면, 복음을 거부한 유대인들은 배제된 사람들이다. 그러므로 본질적인 구분은 이스라엘과 이방인 사이가 아니라 이스라엘 자체 내에서이다.
 누가 당시에도 여전히 이방인 선교가 있었으며 수많은 이방인들이 교회 안으로 들어오고 있었다. 이러한 일이 유대 기독교 공동체에 의해 어떻게 해석되었는가? 다시 한번 더 성경은 이스라엘이 회복될 때에 이방인들도 회개할 것임을 예언하였다. 따라서 누가의 관점에서 볼 때 이스라엘의 회복은 이미 성취된 사실이며 또한 이방인들의 유입이 이를 입증한다. 이방인 선교는 이스라엘과의 단절을 나타내는 것이 아니라 이스라엘에 대한 긍정이다. 누가는 그의 공동체를 "한 백성과 관련된 백성"으로 구성되어 있는 것으로 보는데, 즉 하나님의 선택된 백성임을 나타내는 유대 그리스도인들과 그리고 그들의 구원을 특별히 공유하도록 허락을 받은 이방 그리스도인들이다. 이스라엘에 대한 약속들이 교회로 옮겨졌다든지, 혹은 이방인들이 하나님의 잃어버린 백성에 대한 대체물을 형성했다는 어떤 사상도 없다. 이스라엘에게 주어진 약속들은 예수를 믿는 순종하는 유대인들에게서 성취되었다. 그러나 약속들 중의 하나가 이방인들의 구원이다.

비록 제르벨(Jervell)이 주로 사도행전을 가지고 연구했지만, 그의 제안은 또한 누가복음을 이해하는데도 중요한 뼈대를 제공한다. 분명히 율법에 대한 예수의 논쟁, 그의 성전 청결, 그리고 유대 지도자들에 의한 그의 처형에 관한 구절들은 만일 이방 기독교 공동체가 아닌 지배적으로 유대 기독교 공동체를 위해 기록했다면 다르게 해석되어져야 한다. 제르벨의 관점이 그가 "일반적인 견해"(the common view)라고 부르는 것과 일치하지 않는 반면, 데이비드 타이드(David Tiede)의 연구서가 위에서 논의한 것을 포함한 증가하는 학자들 집단은 그의 해석에 빛을 지고 있다.[25]

결론

누가 공동체의 관심사들에 관하여 광범위한 토론이 있었지만, 몇

---

25) Jervell이 영향을 받은 그 외의 사람들은 Eric Franklin, *Christ the Lord. A Study in the Purpose and Theology of Luke-Acts*(Philadelphia: Westminster Press, 1975); Donald Juel, *Luke-Acts: The Promise of History*(Atlanta: John Knox Press, 1983); 그리고 Robert O'Toole, *The Unity of Luke's Theology: An Analysis of Luke-Acts*, GNS 9(Wilmington, DE: Michael Glazier, 1984) 등을 포함하고 있다. Joseph Fitzmyer는 최소한 이러한 관점을 염두에 두고서 누가복음에 대한 두 권짜리 앵커 성경주석을 썼다. Jervell 자신은 Nils Dahl에 빛을 지고 있음을 인정하고 있다.

가지 요소의 의견일치만을 주목할 수 있다. 우선 이 장에서 논의한 모든 학자들은 누가가 교회 내에 있는 사람들을 위해 기록했다고 추정한다. 그 밖의 견해들도 이따금 제시되고 있다. 즉 누가의 저작들은 복음전도적(evangelistic)이다.[26] 또한 이 책들은 재판 중에 있는 바울에 대한 하나의 변호로서의 역할을 하도록 작성되었다.[27] 혹은 이 책들은 기독교를 합법적인 종교로 인식할 것을 로마에 호소하고 있다.[28] 그러나 이러한 제안들 중 어느 것도 지속된 지지를 받지 못하였다.

아울러 학자들은 누가행전의 주요 관심사들을 종말론과 교회론의 영역 내에 일어난 것과 동일시했다고 말할 수 있다(점차 후자로). 누가의 신학은 추상적이 아니라 현저하게 실제적이다. 그는 큰 신학적 주제들을 실제적인 선입견을 가지고서 접근하고 있다. 그는 그 자신의 교회의 필요들과 도전들에 응답하여 그의 신학을 전개시키고 있다.

마지막으로 위에서 언급하였듯이 학자들이 일시적인 관심사들(거짓 교훈, 환난, 그리고 유대인과 이방인과의 관계)에 주의를 기울이고 있는 것은 파루시아의 지연에 대한 콘첼만의 강조가 과장되었다는 의견의 일치를 반영하고 있다.

그러나 만일 누가가 파루시아가 곧 올 것으로 기대하지 않았다면,

---

26) F. F. Bruce, *The Book of Acts*. NIC(Grand Rapids: Eerdmans, 1954), pp. 17-24; J. C. O'Neil, *The Theology of Acts in Its Historical Setting*. 2nd ed. (London: SPCK, 1970), pp 172-185.

27) A. J. Mattill은 언급할 너무나도 많은 일련의 논문들에서 이러한 거의 잊혀진 견해를 다시 생각해볼 것을 주장하였다. 그의 *Luke and the Last Things*에 있는 참조문헌을 보라.

28) B. S. Easton, "The Purpose of Acts," in *Early Christianity, the Purpose of Acts, and Other Papers*, ed. by F. C. Grant(Greenwich, CT: Seabury Press, 1954), pp. 31-118.

이러한 관점은 분명히 다른 관심사들을 다룰 필요성을 약화시켰을 것이라는 점이 언급되어야 한다. 왜냐하면 이러한 관심사들이 신적인 개입에 의해 곧 해결될 문제들로 간주될 수 없기 때문이다. 따라서 지연(delay) 주제는 누가의 전망에 영향을 미치는 많은 것들 중 하나의 요소로 여전히 위치를 차지하고 있는데, 그렇다고 해서 반드시 모든 학자들이 콘첼만이 지연을 인식하고 있는 것을 기꺼이 인정하고 있는 것은 아니다.

의견에 차이가 나는 가장 큰 요소는 누가가 주로 유대인들을 위해 썼는가 아니면 이방인들을 위해 썼는가 하는 문제에 근거하고 있다. 이 점에 관하여, 점차 많은 수의 학자들이 "주로"(primarily)라는 말을 아예 제거하는 데 만족하고 있으며 그리고 누가가 혼합된 인종 공동체를 위해 기록하고 있음을 단순히 긍정하고 있는데, 이러한 두 요소 모두 누가의 관심을 필요로 하고 있다.

제 4 장
누가복음에서의 그리스도와 구원

　모든 학자들은 누가신학의 중심이 예수에 대한 그의 이해라는 것을 동의할 것이다. 그리스도에 대한 그의 견해가 다른 종교적 문제들에 대한 그의 해결 방법을 결정하였든지 아니면 그 반대인지에 대해 이따금 토론이 있었지만, 그러나 이 두 가지를 분리할 수 없다는 것은 아무도 의심하지 않는다. 한 학자는 복음서 저자의 관점을 한 구절로 요약하였다: "기독론은 교회론이며, 그리고 교회론은 기독론이다"[1] 마지막 장에서 논의된 공동체의 모든 관심사들은 바울의 방식을 따른 서신들을 통해서가 아니라, 예수에 대해 말하고 있는 이야기와 그리고 사람들에 대한 그의 영향력을 통해 제시되고 있다.

　누가 연구에 있어서 가장 기본적인 쟁점은 이것이다. 즉 누가는 예수에 대해 어떻게 생각하고 있는가? 학자들은 이 문제를 다양한 방식으로 접근하고 있으며 또한 당연히 여러 가지 다른 대답들을 제시하고 있다.

---

1) Frederick Danker, *Luke*, 2nd ed. PC(Philadelphia: Fortress Press, 1987), p. 3.

기독론적 칭호들

누가 기독론에 대한 한 가지 접근 방법은 그의 저작에서 예수께 돌려지고 있는 칭호들과 이름들을 분석하는 일이다. 이러한 것들은 다음과 같은 것들을 포함하고 있다. 즉 그리스도(메시야), 유대인의 왕, 주(Lord), 주(Master) 선지자, 구주, 종, 다윗의 아들, 하나님의 아들, 인자, 그리고 선생과 같은 것들이다. 수많은 정기 간행물들은 이러한 칭호들의 의미를 밝히는 데 몰두하고 있다.[2]

이러한 연구에 근거하여 약간 흥미있는 관찰이 이루어졌다. 즉 통계적으로 누가가 좋아하는 칭호들은 "그리스도"와 "주"라는 것이다. 그는 종종 이 두 칭호들을 결합시키기를 좋아하며(2:11; 행 2:36), 또한 한 경우에는 이 두 칭호를 다른 칭호인 "구주"와 연결시키기도 한다(2:11). 이 후자의 칭호는 요한복음에 단 한번의 언급을(4:42) 제외하고서 누가가 이 칭호를 예수께 사용하는 유일한 복음서 저자이기 때문에 중요하다. 누가는 십자가에 달린 예수께 대한 백부장의 진술에서 "하나님의 아들"을 생략하고 있지만(23:47; cf. 막 15:39), 그러나 이 칭호를 동정녀 탄생 이야기 속에서 소개하고 있다(1:32, 35). 아울러 이 칭호들이 누구에 의해 사용되고 있는가를 주목하는 것도 재미있다. 누가복음에서 오직 예수의 제자들만이 예수를 "주"(Master)로 부르고 있으나, 대체로 사람들은 예수를 "한 선지자"(a prophet)와 동일시하고 있다(7:16; 9:19). 다른 한편으로 제자들은 예수를 결코 "선생"(Teacher)으로 부르지 않는다. 이 말은 질문하기를 좋아하는 자들과 적대자들이 사용하였다. 다른 복음서들과 마찬가지로, "인자"(Son of Man)칭호는 오직 예수 자신에 의해서만 사용되고 있는데, 그러나 사도행전에서 누가는 신약성경에서 이에 대한

---

2) 가장 중요한 정기 간행물들은 Francois Bovon, *Luke the Theologian: Thirty-Three Years of Research(1950-1983)*(Allison Park, PA: Pickwick Publications, 1987), pp. 177-97에 그 목록이 나와있고 또한 내용이 요약되어 있다.

유일한 예외를 기록하고 있다(7:36).

잭 킹스베리(Jack Dean Kingsbury)는 그의 책 『마태, 마가 누가에서 예수 그리스도』(*Jesus Christ in Matthew, Mark, and Luke*)에서 이러한 자료 몇 가지를 해석하려고 하였다.[3] 비록 누가가 예수에 대해 상당히 많은 칭호들을 사용하고 있긴 하지만, 킹스베리(Kingsbury)는 복음에서 중심적인 신앙고백적 칭호는 "하나님의 그리스도(메시야)"라고 생각한다. 이 칭호는 베드로의 절정적인 신앙고백에서 볼 수 있는데(9:26), 이 고백은 예수의 신분(identity)에 대한 일련의 질문들에 대해 가장 훌륭한 대답을 제공한다(5:21; 7:49; 8:25; 9:7-9; 9:18, 20). 하나님의 그리스도처럼 예수님은 또한 "(유대인의) 왕"과 "다윗의 아들"로 불리워졌는데, 그러나 이러한 칭호들은 오해를 받을 가능성이 있다. 누가는 예수가 어떤 유대 국가를 세우려고 하는 정치적 왕위 요구자나, 혹은 그가 혁명을 선동하기 위해 다윗의 권위를 행사하고 있다는 생각을 경계해야만 하였다. 오히려 다윗의 왕적 계열에서 나오는 약속된 메시야처럼, 그는 하나님의 종말론적 통치의 사자이며(11:20; 19:38), 그를 통하여 하나님의 통치의 영역 속으로 들어가는 것이 가능하다(23:42-43).

비록 "하나님의 그리스도"가 예수에 대한 누가의 가장 중요한 칭호이긴 하지만, 이 칭호는 중요한 몇 가지 사항에서 보충되어야 한다. 첫째, 예수가 하나님의 그리스도라는 베드로의 신앙고백은 나머지 이야기에 비추어 이해되어야 하는데, 이것은 구원이 예수의 이름으로 선포되기 위해 예수가 고난을 받고 죽은 자 가운데서 살아나도록 하나님께서 선택하신 분이심을 의미하는 것을 보여준다(1:32-33, 35; 24:25-27, 46-47). 더욱이 베드로의 신앙고백은 하나님 자신의 선언인 "이는 나의 아들 곧 택함을 받은 자이다"에 의해(9:35, cf 3:22) 보충되어야 한다. 동정녀 탄생 이야기가 보여주는 것처럼, 누가는 하나님 아버지와 왕적인 메시야인 예수 사이에 존재하는 독특한 관계에

---

[3] 1장 주 10을 참조하라.

초점을 맞추기 위해 "하나님의 아들"이라는 칭호를 사용하고 있다 (1:32, 35). 이 독특한 관계는 또한 "주"와 "구주"라는 칭호에 의해 분명히 나타나는데, 이 두 칭호는 하나님과 예수에 대해 상호 교환적으로 사용될 수 있다. 시험 사화(4:1-13)도 예수의 신적 아들됨에 대한 또 하나의 측면을 드러낸다. 즉 하나님과 하나됨의 본질적인 요소는 아버지의 뜻에 대한 절대적인 순종이다. 그리하여 누가는 예수를 하나님의 아들 및 하나님의 종과 동일시하고 있으며 그리고 이러한 사실에 대해 "아들"(son) 혹은 "종"(servant)을 의미할 수 있는 헬라어 παῖς를 사용함으로써 관심을 기울이고 있다.

요컨대, 킹스베리(Kingsbury)는 누가가 예수를 하나님의 그리스도뿐만 아니라 다른 어떤 분으로서도 생각하고 있다고 여긴다. 이 "다른"은 하나님의 아들 및 하나님의 종이라는 표현들을 통해 예수에게 속하는 것으로 생각되는 하나님과의 독특한 관계에 비추어 이해될 수 있다. 하나님께서 이스라엘과 그리고 궁극적으로 이방인들에게도 구원을 제공하시는 것은 바로 왕적인 메시야이며 하나님의 아들과 종인 예수를 통해서이다.

마지막으로 킹스베리(Kingsbury)는 "인자"(Son of Man) 칭호를 숙고하고 있는데, 이 칭호는 비신앙고백적인 칭호로써 다른 칭호들과 구별되고 있다. 마태와 마가에서처럼 누가에서도 이 칭호는 예수께서 대중들에게 서로 영향을 미치기 때문에 자신에 대해서만 사용하시는 이름이다. 예수는 결코 다른 사람들에 의해 인자로 신앙고백되거나 불러진적조차도 없다. 따라서 이 칭호는 예수가 누구이신가를 나타내거나 혹은 그 분의 말씀을 듣고 그 용어를 사용하는 사람들에게 자신의 신분을 드러내는 것이 아니다. 그러나 예수의 승천 때에, 누가는 예수께서 그의 영광으로 들어가셨으며 또한 "인자"가 하나님의 아들 메시야와 동일한 것으로 생각하고 있다(22:66-71; cf 행 7:56). 이 점에서 누가는 마태 및 마가와 다르다. 왜냐하면 이 두 복음서 모두 이러한 최종적인 동일시가 파루시아 때에 일어나는 것으로 나타내기 때문이다(막 14:61-62, 마 26:63-64).

그레코-로마 세계에서 나온 모형들

누가의 기독론에 접근하는 또 하나의 방법은 예수에 대한 누가의 묘사를 그레코-로마 세계의 배경에 비추어 해석하는 것이다. 누가 당시의 사람들은 그의 복음서를 어떻게 이해하였을까? 이러한 예수의 이야기가 어떻게 받아들여졌는가를 암시하는 그 당시의 어떤 비교할 만한 문헌이 있는가?

찰스 탈버트(Charles Talbert)는 복음서의 장르에 대해 철저한 연구를 한 사람인데, 그는 누가의 저작들과 헬라 철학자들의 전기 사이에 비슷한 내용들이 있다고 생각하고 있다.[4] 그는 『저명한 철학자들의 생애』(Lives of Eminent Philosophers)라 불리우는 디오게네스 라에트리우스(Diogenes Laetrius)의 3세기 초의 작품에 관심을 기울이고 있다. 라에트리우스가 연구하기 위해 선택한 주제들은 모두 신적인 인물들로 간주되었다. 즉 철학자들은 그들의 여행들이 종종 신적인 명령의 결과인 방랑하는 설교자들로 묘사되었다. 뿐만 아니라 라에트리우스의 전기들은 철학 학파들의 창시자들뿐만 아니라 그 대가들의 후계자들에게도 초점을 맞추고 있는데, 이들은 신적인 창시자를 존경하고 또한 그에 의해 유지되는 종교적 공동체의 한 유형을 형성하고 있었다. 이들은 철학자의 "살아 있는 음성"이 여전히 오늘날에도 들려지는 곳이 어디인지를 선정하기 위해 적절한 후계에 대해서도 특별한 관심을 가지고 있었다. 더욱이 철학 그 자체는 항상 추상적 사색이라기보다는 하나의 삶의 방식으로 설명되었으며, 또한 철학은 그 철학자의 가르침들을 기억하는 만큼 철학자 자신의 삶의 방식을 모방함으로써 배워지는 것이다. 만일 이와 같은 전기들이 누가 당시에 널리 보급되어 있었다면, 누가복음의 독자들이 분명히 예수님과

---

4) Talbert, *Literary Patterns*. 그리고 *What is a Gospel? The Genre of the Canonical Gospels*(Philadelphia: Fortress Press, 1977)을 참조하라.

방랑하는 철학자의 그레코-로마적 이미지와 관련시켰을 것으로 탈버트(Talbert)는 결론을 내린다.

그러나 이 모델은 누가의 예수를 이해하기 위한 여러 가지 가능성들을 철저하게 규명하지 않고 있다. 탈버트는 또 하나의 이미지를 제시하는데, 말하자면 지중해 세계에서 "죽지 않는 자들"의 신화이다.[5] 죽지 않는 자들(가령 디오니수스나 헤르쿨레스)은 신적인 존재로 간주되었지만, 그러나 이들은 영원히 살아 있는 신들(gods, 가령 제우스)과는 구별되었다. 대부분의 죽지 않는 자들은 남신이나 여신이 인간과의 결합을 통해 출생하였으며, 그리고 원래는 죽음을 면할 수 없는 존재였으나 죽지 않는 존재가 되기 위해 그들의 생애의 어떤 순간에 변화를 겪었다는 것이다. 대개 이러한 변화는 눈으로 볼 수 있는 하늘로의 승천을 포함하고 있으며 그리고 이것은 그 영웅의 친구들이나 제자들이 그 다음에 출현함으로써 확증된다. 그가 신격화된 후에야 죽지 않는 자들이 다른 사람들을 위해 개입하거나 개입할 수 있는 것이다. 이러한 배경을 제시함으로써 탈버트(Talbert)는 지중해 사람들이 예수 안에서 죽지 않는 자에 대한 묘사를 보지 않고서는 누가복음을 조금도 읽을 수 없었을 것으로 생각하고 있다.

물론 유대교의 단일신론을 존중하는 누가의 저작들과 그리이스와 로마의 이교적 작품 사이에 차이점들이 있다. 그럼에도 탈버트(Talbert)는 방랑하는 철학자와 죽지 않는 자의 결합된 이미지가 누가의 예수를 이해하는데 가장 좋은 모델을 제공한다고 생각한다.[6] 그는 제자들에게 새로운 삶의 방식을 열심히 배우도록 요구하며 또한 영광으로 승천하신 후에도 자신을 따르는 공동체에 대해 계속 간섭하시는 신적인 교사이시다.

---

5) Charles Talbert, "The Concept of Immortals in Miditerranean Antiquity," *JBL* 94(1975): 419-36.

6) 그는 이 두 모형들이 사실은 한 고대 저작인 Philostradtus의 *Life of Appollonius of Tyana*에 결합되어 있음을 말하고 있다.

프레더릭 댕커(Frederik Danker)는 누가의 기독론을 이해하기 위한 다른 모델을 찾아내었다. 그의 책 『은인』(*Benefactor*)에서 댕커(Danker)는 선포주석 『누가』(*Luke*)라는 그의 책 1장에서 좀더 간결하게 서술한 한 가지 제안에 대한 증거를 제시하고 있다.[7] 그레코-로마 세계에서 나온 문헌의 광범위한 개관에서, 댕커(Danker)는 헬라의 은인들로 생각되는 특별한 사람들의 모습을 이어 맞추고 있다. 사도행전 19:38에서 예수에게 사용되는 명사 "착한 일을 행하는 자"(benefactor)는 사실상 이들 문헌에 있는 "구주"(savior)와 동의어이며, 그리고 이 두 가지 모두 로마의 황제들과 그 밖의 공적인 인물들을 가리키는데 사용되고 있다. 예를 들어 누가 자신의 생애에서 네로(Nero)는 "세상의 구주요 은인"으로 불렸다.

그러나 은인들을 찬양하는 포고들과 비문들은 그들이 어떻게 존경을 받았는지를 분명히 하고 있다. 비록 때때로 그들 자신이 신적인 존재이긴 하지만 은인들은 전능자로부터 온 하나의 선물이다. 그들의 도래는 세상에 대해 좋은 소식이며 모든 인간들을 이롭게 한다. 그들은 말과 행동에 있어서 출중한 자들인데, 이는 말과 행함 모두 옳기 때문이다. 그들이 기여하는 것들 중에서 주된 것은 평화를 부여하는 것이며, 그리고 전쟁에서 승리했을 때, 옛날 원수들에 대해 관대함과 자비를 베푸는 일이다. 종종 이들 은인에 대한 묘사들은 그들이 저희 백성을 대신하여 겪은 위험들과 시련들에 대한 언급들을 포함하고 있다. 죽음을 경험한 사람들은 시(詩) 및 수사적 설명에 대한 특별한 주제들이 되고 있다.

누가는 그의 두 작품의 서문들이 증언하는 것처럼 로마의 포고문들의 언어를 알고 있으며, 그리고 한 곳에서 누가는 "이방인의 임금들은 저희를 주관하며 그 집권자들은 은인(benefactors)이라 칭함을

---

7) Frederick Danker, *Benefactor: Epigraphic Study of a Graeco-Roman and New Testament Semantic Field*(St. Louis: Clayton Publishing House, 1982); Luke, pp. 28-46.

받으리라"는 예수의 말씀을 기록하고 있다(22:24-26). 이것은 누가가 예수에 대한 그의 묘사를 제시하는 이른바 은인(benefactors)과 대조를 이룬다. 어떤 의미에서 예수 자신은 구주이신 하나님의 최상의 은혜이다(1:47). 또 다른 의미에서 예수는 바로 그 이름이 구원에 대한 헬라어의 셈어 상당어인 위대한 은인(the Great Benefactor)이다. 누가는 예수에 대한 그의 묘사에서 전통적인 모든 은인의 요소들을 강조하고 있다. 즉 말과 행위의 일치(24:19; 행 1:1), 평화의 수여(1:79; 2:14, 29), 그리고 원수들에 대한 용서(23:34; 24:47) 등이다. 예수는 하나의 종으로서 돌아다니시면서 착한 일을 행하시고, 곤경에 처해 있는 자들을 고치셨다. 그는 많은 시험들을 당하셨으며(22:28) 마침내 부당하게 죽음을 당하셨다. 누가의 독자들은 그러한 묘사를 이해했을 것으로 댕커(Danker)는 확언하는데, 왜냐하면 그것은 그들이 익히 알고 있는 헬라적 은인 표상에 담겨져 있기 때문이다.

그러나 예수는 여타 은인들과는 다르다. 그는 죽은 이후에 그 정당함이 입증되었으며 그리고 그의 은혜를 자신의 능력과 시험에 동참한 "파견 은인들"(delegate benefactors)을 통해 계속 제공하신다. 예수님의 독특한 지위로 인하여 누가는 예수의 이름이 다른 모든 이름들보다 높은 것으로 말할 수 있었다. 예수는 하나님의 가장 큰 선물인 구원을 제공하실 수 있는 유일한 분이시다(행 4:12).

구약성경에서 나온 모형들

누가의 예수를 그레코-로마 세계에 비추어 고찰하는 것으로 충분하지 않다. 또 하나의 접근은 누가복음이 자주 언급하고 있는 누가 자신의 성경, 즉 구약성경을 배경으로 하여 복음서 저자의 기독론을 이해하려고 하는 것이다.

어떤 학자들은 누가가 그의 복음서에서 "예언으로부터의 증거" 일람표를 사용하고 있는데, 이로써 누가는 예수가 그리스도이심을 확증하기 위해 구약성경 구절들을 증거 본문(proof texts)으로 인용하고 있다고 주장하였다.[8] 1950년대와 60년대에 널리 퍼졌던 이 견해는 누가의 구약성경 사용에 대한 마틴 레제(Martin Rese)의 고전적인 연구에서는 대부분 고려되지 않았다.[9] 레제(Rese)는 누가가 주로 사건들을 해석하기 위해, 즉 사건들의 의미를 설명하고 또 그 사건들이 신적인 의미를 가지고 있다는 것을 나타내기 위해 구약성경을 사용하고 있음을 보여주었다. 마태와는 달리 누가는 예언과 성취라는 신학적 범주에 특별히 관심이 없었다는 것이다.

최근에 대럴 보크(Darrel Bock)의 연구가 레제(Rese)의 논지에 부분적으로 도전하고 있다.[10] 그의 책 『예언으로부터의 선포와 형태』(*Proclamation From Prophecy and Pattern*)에서 보크는 누가가 하나의 변증적인 "예언으로부터의 증거" 주제를 사용하지 않고 있다는 것에 동의한다. 그러나 그가 문제를 삼고 있는 것은 누가가 예언과 성취에 관계없이 사건들을 해석하기 위해 구약성경을 사용하고 있느냐 하는 것이다. 누가는 예수가 그리스도이심을 입증하기 위해 구약의 예언들을 인용하는 것이 아니라, 예수께서 옛날의 소망들과 약

---

8) 예를 들면 Paul Schubert, "The Structure and Significance of Luke 24," in *Neutestamentlich Studien für Rudolf Bultmann*, ed. by W. Eltester, BZNW 21(Berlin: Alfred Töpelmann, 1954), pp. 165-86을 참조하라. "예언으로부터의 증거" 학파에 대한 요약과 비판에 대해서는 Charles Talbert, "Promise and Fulfilment in Lucan Theology," in *Luke-Acts: New Perspectives from the Society of Biblical Literature Seminar*, ed. by Charles Talbert(New York: Crossroad, 1984), pp. 91-103을 보라.

9) Martin Rese, *Alttestamentliche Motive in der Christologie des Lukas*. SZNT 1 (Gütersloh: Gütersloher Verlagshaus Gerd Mohn, 1969).

10) Darrell Bock, *Proclamation From Prophecy and Pattern: Lucan Old Testament Christology*. JSNTSS 12 (Great Britain: Sheffield Academic Press, 1987).

속들을 성취하셨음을 선포하기 위해 구약의 구절을 사용하고 있다는 것이다.

더욱이 보크(Bock)는 누가의 구약성경 사용이 계획적인 진행을 따르고 있다고 생각한다. 첫째, 그의 복음서의 앞 부분에서 그는 예수께서 왕적인 다윗 계열의 메시야에 대한 민족적인 소망을 성취하셨음을 강조하고 있다(1:32-35, 68-71, 79; 2:4, 11). 여기에다가 그는 이사야서의 핵심적인 구절들에서 인용한 종에 대한 묘사를 덧붙이고 있다(2:29-32, 34-45; 4:17-19). 따라서 누가에게 있어서 기초적인 기독론적 범주는 메시야-종(Messiah-Servant) 기독론이며, 그리고 하나님의 아들로서의 예수에 대한 언급들도 이러한 관점에서 숙고되어져야 한다: 예수께서 세례를 받으실 때와(3:22) 변모하실 때(9:35)의 하늘의 선언들은 시편 2:7과 이사야 42:1을 암시하고 있는데 이는 예수께서 메시야-종 주제를 성취하실 분이심을 나타내기 위해서이다.

그러나 변모 사건 이후에 새로운 주제가 도입된다. 그 다음에 나오는 구약의 기독론적 본문들에 대한 언급들은(13:35; 19:38; 20:17) 모두 시편 118편에 호소하고 있는데, 이 본문은 앞에서 인용한 왕적 시편과 종의 노래에는 나오지 않는 종말론적인 함축성을 가지고 있는 본문이다. 그 다음에 나오는 중요한 단락(20:42-43)은 그리스도가 다윗의 자손일 뿐만 아니라 또한 다윗의 주이심을 암시하는 방식으로 시편 110편에 대한 언급을 소개한다. 그리하여 누가는 예수에 대한 그의 구약적 묘사에다가 긴장(tension)을 삽입시키는데, 이 긴장은 메시야-종의 기대들을 성취하는 것만이 전체 이야기가 아님을 암시하고 있는 것이다. 이 긴장은 또한 21:27에서도 볼 수 있는데, 여기서 누가는 예수께서 초자연적인 인자이심을 선포하기 위해 다니엘서 7장에 의존하고 있다.

간단히 말해서 누가는 예수를 구약성경에 약속된 메시야-종이신 인물로 일관되게 묘사함으로써 그의 복음서를 시작하고 있으나, 점차로 다른 구약 본문들에 근거하여 예수께서 또한 다른 어떤 분이시기도 하다는 것을 암시하고 있다. 보크(Bock)는 누가가 그의 복음서에서 이러한 긴장을 해결되지 않은 채로 그냥 놔두는 것으로 만족하고 있다고 생각한다. 그러나 사도행전에서 이 모든 것이 분명하게 나타나게 된다. 즉 예수는 메시야뿐만 아니라 주(Lord)이심이 선포되고 있다(2:21, 34-36). 예수는 시편 110:1과 일치되어 하나님 우편에 앉으시는데, 이것은 그가 영광스러운 인자로 인정되는 것을 말한다(7:55-59). 그는 "만유의 주"(10:36)와 그리고 "산자와 죽은 자의 재판장"(10:42)으로 선포되고 있다.

누가의 "구약 기독론"에 대한 이러한 분석은 결국 누가에게 있어서 "주"(Lord)가 최상의 기독론적 개념임을 나타내고 있다. 주로써 예수는 하나님의 구원의 독특한 중보자로써 신적인 대권자들과 기능을 행사하시는 분으로 이해되고 있다. 그러나 누가는 예수께서 메시야-종(Messiah-Servant)의 구약적 묘사를 성취하신다는 기초적인 관점으로 시작을 하고 그 다음에 "메시야 이상"(more than Messiah)의 인물이심을 묘사하는 구절들을 도입함으로써 이러한 생각을 조심스럽게 발전시키고 있다.

예수의 죽음의 의미

위에서 논의한 모든 모형들은 주로 누가복음에 보도되어 있는 것으로서 예수의 '삶'의 의미에 초점을 맞추었다. 예수의 죽음의 의미에 대해 학자들의 토론이 많은 것은 아니다. 사실 『누가행전에서 예수의 죽음』(The Death of Jesus in Luke-Acts)의 제목을 가진 최근의 책은 누가가 "죽음의 신학적 이유에 대한 이해를 간파하거나 그 죽음이 무엇을 성취하려고 했는 지를 분석하는 일에 무관심하게 보인다"고 진술하고 있다.[11] 이것은 마가나 바울과 같은 저자들의 접근과는 판이하게 차이가 나는데, 왜냐하면 이들에게 있어서는 예수의 십자가 죽음이 신학적 사고의 출발점이 되기 때문이다.

---

11) 2장 주 33을 참조하라.

누가가 명백하게 십자가에 무관심하다는 것은 그가 하나님의 구원의 선물을 예수의 출생(2:11), 그의 생애와 사역(19:9-10), 그리고 그의 승귀(행 5:31) 등과 다양하게 연결시키고 있으나 결코 예수의 죽음과는 연결시키고 있지 않는다는 사실에서 볼 수 있다. 사도행전에 있는 선교적 설교들도 예수의 죽음을 구원의 성취로서가 아니라 곧 극복하게 될 구원의 성취에 대한 잠재적인 걸림돌로 다루고 있는 것으로 보인다. 누가는 자신의 생명을 "많은 사람들의 대속물"로 준다는 예수의 언급을(22:25-27; cf. 막 10:42-45) 생략하고 있다. 그럼에도 불구하고 누가는 예수의 죽음이 필연적이며, 하나님의 계획의 일부임을 주장하고 있다(9:22, 44; 24:7, 26, 44). 그러면 그것은 무엇을 의미하고 있는가?

어떤 학자들은 예수의 죽음이 누가에게 있어서 구원론적인 의미를 가지고 있지 않은 반면, 그것은 다른 이유들 때문에 중요하였다고 주장하고 있다. 우선, 예수의 죽음은 도덕적인 목적을 가지고 있어서 예수를 박해받고 있는 그리스도인들이 모방해야 할 모범적인 순교자로 묘사하고 있다는 것이다.[12] 뿐만 아니라 예수의 죽음은 고무시키는 목적을 가지고 있어서 고난받는 그리스도에 대해 동정심을 유발시켜 그의 주장으로의 회심을 용이하게 할 의도를 가지고 있다는 것이다.[13] 첫번째 견해에 대한 증거는 예수의 고난이 사도행전 7장에 있는 스데반의 순교 이야기에 대한 하나의 모델의 역할을 하고 있다는 관찰에서 끌어내었다. 두 번째 견해는 십자가 처형을 목격한 사람들이 너무나 감동을 받아서 회개하면서 가슴을 두드리고 집으로 돌아갔다는 누가의 독특한 보도(23:48)에 의해 입증되고 있다.

최근에 누가복음에서 예수의 죽음이 비록 죄에 대한 속죄로서는 생

---

12) Martin Dibelius, *From Tradition to Gospel*(New York: Scribner's, 1934), pp. 199-204.

13) Albert Vanhoye, "Structure et théologie des récits de la Passion dans les Evangiles synoptiques," *NRT* 99(1967): 135-63.

각되지 않지만 그럼에도 불구하고 구원의 가치를 지니고 있음을 보여주고자 하는 시도들이 있었다. 두 개의 다른 모형들이 시도되었는데, 하나는 순교 그 자체를 속죄적인 것으로 보는 것이고, 다른 하나는 누가복음에서 예수의 죽음을 "새 아담"의 좌절된 유혹으로 해석한다.

누가가 예수의 죽음을 하나의 경건한 순교로 제시한 것은 당연한 것으로 여겨지고 있다.[14] 그러나 어떤 학자들은 누가 당시의 유대교에서 한 순교자의 죽음이 속죄적인 것으로 간주될 수 있음을 지적하였다. 순교자는 다른 사람들을 위해 죽으며 그리고 그 일은 사람들이 순교자가 간 길을 따르기 쉽도록 만든다.[15] 로버트 캐리스(Robert Karris)는 『누가: 예술가와 신학자』(*Luke: Artist and Theologian*)에서 이 주제를 새로이 채택하였다.[16] 누가에 의하면 오직 하나님만이 죄와 죽음에서 구원하실 수 있으나, 하나님은 그렇게 하기 위해 무죄한 예수의 죽음을 사용했다는 것이다. 예수의 고난은 박해받는 분이신 예수의 무결성과 그리고 하나님의 신실성에 대한 "이중적인 사례"를 제시하고 있다. 예수님은 죽음에 신실하게 남아 있음으로써 자신의 의를 드러내셨으며 그리고 자신을 무죄하게 고난을 당하는 의로운 분으로 바라보는 사람들에게 믿음을 일깨워 주었다 (23:40-42, 47-48). 하나님은 예수를 일으키심으로써 그의 신실함을 입증하셨는데, 예수는 죄와 사망의 권세에 붙들려 있는 하나님의 피

---

14) 이에 대한 훌륭한 설명에 대해서는 Walter E. Pilgrim, "The Death of Jesus in Lukan Soteriology"(Ph. D. diss., Princeton Theological Seminary, 1971)을 참조하라.

15) 이 견해에 대한 고전적인 연구는 누가복음에 있는 속죄의 대속적인 이해와 모범적인 이해 사이에 중간 지점을 발견하려고 애를 쓰는데, 이들은 Gerhard Voss, *Die Christologie der Lukanischen Schriften in Grundzügen*. StNeo 2(Brügge: Desclee de Brouwer, 1965); Gerhard Schneider, *Verleugnung, Verspottung, und Verhör Jesu Nach Lukas 22, 54-71*. SANT 22(Munich: Kösel, 1969)이다.

16) 1장 주 9를 참조하라.

조물의 전형이 되는 것이다. 누가에게 있어서 구원의 기초는 궁극적으로 하나님의 신실함이며 그리고 "믿음의 모형"이신 예수께서 이러한 신실함을 신뢰하는 길을 여신 것이다.

제롬 네이레이(Jerome Neyrey)도 누가복음에서 예수의 믿음이 그의 죽음의 의미를 이해하는 열쇠가 된다고 생각하고 있지만, 그러나 그는 이 믿음이 단순한 신뢰의 모형 이상의 역할을 하고 있다는 것을 강조한다.[17] 그의 연구 『누가복음의 수난』(The Passion According to Luke)에서 네이레이(Neyrey)는 누가가 예수를 "새 아담"(New Adam)으로 은연중에 표현함으로써 구원론적인 의미를 예수의 믿음과 순종에 기인하는 것으로 제안한다. 예수께서 첫번째 아담의 죄의 결과들을 폐지하시고 새로운 피조물을 이루셨다는 견해는 바울의 저작들과 히브리서에 나타나고 있다. 두 경우 모두 강조점은 예수의 순종, 믿음 그리고 의에 주어진다.[18] 이와 동일한 주제들이 수난에 대한 누가의 표현을 지배하고 있다(22:42; 23:46-47).

누가는 예수가 역사의 새 시대의 창시자라는 점에서 예수를 새 아담으로 소개한다. 이것은 세례와 족보 단화들을 나란히 놓는다는 점에서 분명하게 나타나는데, 이 단화에서 각각 예수와 아담을 하나님의 아들로 동일시하고 있다(3:22, 38). 하지만 아담은 그의 죄와 불순종 때문에 결국 하나님의 아들로 알려지지 않으며, 그리고 마찬가지로 이러한 죄와 불순종이 예수에게 적용되는 지의 여부가 시험되고 있다. 아담과 마찬가지로 예수도 사탄에 의해 광야에서(4:1-13), 겟세마네 동산에서(22:39-46), 그리고 마지막으로 십자가 위에서 (23:32-49) 시험을 받지만, 그러나 아담과는 달리 예수는 여전히 순종하며(22:42) 신실한 자로(23:46) 남아 있다. 따라서 아담이 범죄

---

17) Jerome Neyrey, *The Passion According to Luke: A Redaction Study of Luke's Soteriology*(New York: Paulist Press, 1985).

18) 가령 롬 3:22, 25-26; 5:12-21; 고전 15:20-22, 42-49; 고후 5:17; 히 2:17; 3:2, 6; 4:15; 10:5-10을 보라.

한 이후로 닫혀졌던 낙원의 영역이 이제 다시금 열려졌으며 그리하여 예수는 회개하는 죄인들이 낙원에 있을 것임을 약속하실 수 있는 것이다(23:43).

게다가 네이레이(Neyrey)는 비록 누가가 예수의 죽음을 속죄, 대속물, 혹은 죄에 대한 희생으로 표현하고 있지는 않지만 그러나 누가에게 있어서 예수의 죽음은 구원론적인 의미를 가지고 있다고 생각한다. 예수께서 죽음을 하나님의 뜻에 대한 믿음과 순종으로 받아들이는 것은 그의 전 생애를 특징짓는 철저한 거룩의 절정이다. 시험에 굴복하지 않는 새 아담으로써 예수는 역사의 새로운 시대를 시작하신다. 이 시대는 사단의 통치의 종말(10:18)과 하나님의 통치의 시작(11:20-22)으로 묘사될 수 있는 구원의 시대이다. 이것은 사도행전에서 어떻게 그가 예수를 생명, 거룩, 그리고 구원의 독특한 근원으로 언급하는지 그 이유가 된다(3:15; 4:12; 5:31).

예수의 부활과 승천의 의미

리차드 딜론(Richard Dillon)은 『목격자에서 말씀의 사역자로』(*From Eye-Witnesses to Ministers of the Word*)라는 제목의 누가의 부활 기사에 대한 주요 연구에 공헌하였다.[19] 딜론은 누가의 부활 설화 배후에 있는 전승들을 철저하게 살펴본 후에 복음서 저자의 편집 활동에 근거한 몇 가지 결론을 만들었다. 근본적으로 딜론은 누가가 교회 선교를 위해 부활의 중요성을 강조하는 통일된 구성을 형성하기 위해 말씀 자료와 설화 자료를 결합시키고 있음을 발견해 내고 있다.[20]

---

19) Richard Dillon, *From Eye-Witnesses to Ministers of the Word. Tradition and Composition in Luke 24*. AnBib 82(Rome: Biblical Institute, 1978).

20) 비슷한 주제가 J. M. Guillaume의 *Luc interprete des anciennes traditions sur la **résurrection de Jésus**. EBib (Paris:

누가는 부활하신 예수를 제자들의 혼동과 무분별을 쫓아내시고 그들에게 부활 신앙을 가져다 주신다는 점에서 그의 제자들을 가르치시는 분으로 묘사한다. 여기에는 두 가지 중요한 요소가 있다. 첫째, 이러한 신앙을 가져다주는 것은 빈 무덤이나 부활 현현 같은 역사적 사실들이 아니라 부활하신 예수의 말씀이라는 것이다. 둘째, 베일을 벗긴 것은 부활하신 주님의 가르침과 행동으로 가능하게 된 순수한 은혜로써 경험된 것이다.

따라서 딜론은 누가의 주요 관심이 부활의 역사성을 확실하게 하고 또한 사도들을 역사적 사실의 보증인들로 세우는데 있다고 생각하는 사람들에게 이의를 제기하고 있다.[21] 오히려 누가는 주님이 계시하는 말씀이 제자들을 변화시킬 때까지는 부활의 사실들조차도 이러한 목격자들에게 이해할 수 없는 일이었음을 분명히 하고 있다. 이처럼 그들은 주로 순수한 하나님의 은혜를 선포하는 부활절 신앙을 증거할 것이다. 계시가 그들에게 '오직 은혜'(sola gratia)에 이르게 한 것처럼, 마찬가지로 그 계시의 내용은 신적인 은혜와 죄용서의 메시지이다. 예수의 부활은 예수를 거절한 사람들의 행위를 파열시켰을 뿐만 아니라 또한 그들이 죄 사함을 받았다는 선포를 촉진시킨다.

예수께서 그의 제자들에게 말씀하신 것은 그리스도가 죽음을 당하고 살아나서 "그의 이름으로 죄 사함을 얻게 하는 회개가 전파될 것이다"는 것이다(24:47). 이 점에서 부활하신 예수의 교훈은 부활뿐만 아니라 고난의 긍정적인 가치도 드러내신다. 누가에게 있어서 예수님을 거절하고 죽인 것에 대한 전승들은 인간의 구제불능의 완고함을 나타내는 것이 아니라 신적 죄 용서의 무한한 지속성을 나타내고 있

Gabalda, 1979)에 의해 조사되었다. Guillaume는 누가의 관심이 부활절 메시지 그 자체 뿐만 아니라 그 메시지가 공동체에 의해 받아들여지고, 동화되고, 살아 움직이고, 그리고 전승되는 방식에도 관심이 있었다고 생각한다.

21) 예를 들면 Martin Dibelius(p. 15)와 Hans conzelmann(p. 11)이다. 그들이 보기에 누가는 기독교 설교의 내용을 제공하고자 하는 것이 아니라, 그 내용에 대한 역사적 토대를 제공하려고 한다.

다. 부활 이전에 예수의 제자들은 예수의 수난 예고들의 의미에 관해서는 완전히 어둠 속에 있었다(9:45; 18:34). 그러나 부활절 이야기에서는 제자들이 부활하신 그리스도만이 드러내실 수 있는 것을 이해하게 되었다. 즉 인간의 실패가 완전한 곳에, 하나님은 가장 강력하게 통치하신다.

신적인 계시를 통해 제자들에게 나타난 것은 교회의 선교라는 특징이 될 것이다. 하나님은 인간의 반역에 대해 새로운 은혜로 응답하시며 또한 죄용서의 선구자들을 거절한 사람들에 대해서도 죄 사함을 계속 베풀어주신다. 누가의 예수 부활 이야기는 사람들의 거절이 가장 극적이었던 바로 그 곳에 하나님의 목적은 가장 승리적이었음을 보여준다.

그러나 누가는 자신의 복음서를 부활 이야기들로 끝내는 것이 아니라, 오히려 예수의 승천 이야기로 마무리한다. 게르하르트 로핑크(Gerhard Lohfink)는 그의 연구 논문 『예수의 승천』(*Die Himmelfahrt Jesu*)에서 이 승천 이야기를 누가의 독특한 전승임을 나타내는 것으로 생각하고 있다.[22] 비록 몇몇 신약성경 구절들이 승천의 개념을 명백하게 암시하고 있음에도 불구하고(요 6:62; 20:17; 엡 4:8-10; 딤전 3:16), 누가만이 그 사건을 보도하고 있으며, 또한 승천에 대한 두 가지 별개의 묘사를 하고 있다(cf. 24:50-53; 행 1:6-11). 또한 로핑크가 주목하는 것은 다른 복음서 저자들과는 달리 누가는 천사들과 그 밖에 천상적인 인물들이 떠나는 것을 일관되게 보도하고 있다(1:38; 2:15; 9:33; 행 10:7; 12:10; cf. 눅 24:31). 따라서 누가는 단순히 부활하신 주님의 마지막 말씀으로 끝내기보다는(마 28:20 참조) 부활하신 주님의 떠나심을 자세하게 이야기하지 않을 수 없다는 것을 깨닫고 있는 것이다.

---

22) Gerhard Lohfink, *Die Himmelfatrt Jesu: Untersuchungen zu den Himmelfahrts und **Erhöhungstexten** bei Lukas*(Munich: Kösel 1971).

누가가 승천을 하나의 주목할 만한 사건으로 보도하고자 하는 동기는 부분적으로는 역사에 대한 그의 관심에 기인할 수도 있지만, 좀더 정확하게는 구원사에 대한 그의 개념에 기인하고 있다. 눈에 보이는 승천이 누가의 흥미를 끌고 있다. 왜냐하면 그는 역사가로서 만약 그렇지 않았다면 우주적인 사색이 될 수 있었던 사건들을 구체화하고 싶었던 것이다. 뿐만 아니라 그는 승천을 공간과 시간 속에 고정시킴으로써 그리스도의 올리우심에 대한 전승적인 주제를 구원사에 대한 그의 독특한 도식에 통합시켰다. 누가에게 있어서 승천은 한 시대의 종말과 다른 시대의 시작을 특징짓는다. 그 후로부터 예수는 계시지 않을 것이며, 최소한 그가 이전에 계셨던 것과 동일한 방식으로는 존재하지 않을 것이다. 누가복음과 사도행전에 있는 두개의 승천 기사는 예수의 시대(the time of Jesus)와 교회의 시대(the time of the Church)를 구분시킨다.

미킬 파슨스(Mikeal Parsons)에 의한 최근의 연구는 "설화비평"(narrative criticism)의 관점에서 로핑크가 통찰한 많은 부분들을 강화하고 있다.[23] 『누가행전에서 예수의 승천』(*The Departure of Jesus in Luke-Acts*)에서 파슨스는 누가가 승천에 대한 그의 두 기사에서 "결말"과 "시작"에 대한 전통적인 문학적 장치를 어떻게 사용하고 있는가를 보여주고 있다.[24] 그의 복음서 끝에서 하고 있는 설명은 앞에서 언급했던 요소들을 상기하고 또한 주요 이야기의 경향을 분석함으로써 이 저작을 끝내고 있다. 예수의 제사장적 축복의 언급(1:23 참조), 제자들의 예루살렘 귀환(2:45 참조), 그리고 성전에서 하나님의 계속적인 축복(2:37 참조) 등 모든 것은 누가복음 앞 부분에 있는 여러 상황들을 암시하고 있다. 게다가 성전에 있는 제자들에

---

23) 이러한 방법론에 대해서는 본서 1장의 "예술가 누가" 단락을 참조하라.

24) Mikeal Parsons, *The Departure of Jesus in Luke-Acts*. JSNTSS 21(Great Britain: Sheffield Academic Press, 1987).

대한 결론적인 언급은 누가복음의 설화 전체에 걸쳐 성전과 관련하여 진전되었던 갈등에 대한 어떤 해결책을 제공하고 있다: 누가 이야기 끝부분에서 성전은 마침내 "정화된 집"(cleansed house)이 된다 (19:45-48 참조). 누가복음 24장의 부활과 승천 이야기들이 하나의 단위로 일괄해서 생각해 볼 때, 그러한 "종결"의 경우들이 훨씬 더 많기 때문에 이로써 누가는 그의 저작이 극적인 결론으로 읽혀지도록 의도했다고 파슨스(Parsons)가 생각하기에 이르렀다. 누가가 그의 독자들에게 감명을 줄려고 한 마지막 이미지는 제자들의 이미지인데, 즉 그들의 주님이 계시지 않음에도 불구하고, 제자들이 하나님을 찬미하고 기쁨으로 예수의 명령을 순종했다는 것이다.

파슨스(Parsons)는 계속해서 사도행전의 승천 설화를 분석하고서는 이 승천 설화가 한 저작을 종결짓고 있다기보다는 시작이라는 정반대의 문학적 목적에 이바지하고 있음을 발견하였다. 사실 누가의 두 기사 사이에 있는 여러 가지 불일치하는 것들은 각각의 문학적 기능에 의해 설명될 수 있다. 즉 한 기사는 복음서를 마무리하고 있으며 그리고 다른 기사는 사도행전 이야기를 시작하고 있다.

그리하여 파슨스는 그의 문학적 연구에서 로핑크(Lohfink)가 이 두 기사의 신학적 의미를 어떻게 생각하고 있는가를 확증하고 있는 것같다. 즉 이들은 누가복음에서 예수의 이야기와 사도행전에서 교회의 이야기를 분리시키고 있다. 그러나 다른 의미에서 이 두 기사는 두 책 사이에 있는 하나의 가교로 간주될 수도 있다. 누가가 강조하고 싶어하는 것은 예수가 교회의 이야기에 시작을 제공하시는 것처럼, 교회는 예수의 이야기에 결말을 제공한다는 것이다.[25] 결국 다른 책에서 마무리되는 동일한 사건으로 한 책을 시작하는 문학적 효과는 이 두 작품을 결합시키며 또한 각 책의 내용의 독특성보다는 연속성을 강조한다.

에릭 프랭클린(Eric Franklin)은 그의 책 『주이신 그리스도』

---

25) 여기서 Parsons는 Barrett, p. 57을 인용하고 있다.

(Christ the Lord)에서 누가복음에 있는 승천의 또 다른 측면을 다루고 있는데, 즉 예수에게 수여된 지위의 명백한 변화이다.[26] 승천 사건 이전에는 예수가 주로 하나님께 순종하는 분으로 제시되고 있지만, 그러나 승천 이후에는 예수께서 예배의 대상이 되고 있다(24:52). 사도행전에서 제자들은 예수께 기도하며(7:59) 또한 그의 이름으로 부탁한다(9:13-14). 한 핵심적인 단락에서, 베드로는 하나님께서 예수를 주와 그리스도가 되게 하신 것은 승귀(exaltation)를 통해서라고 선포하기조차 한다(2:32-36).

그러나 지위의 변화는 비할 바 없이 명백하다. 왜냐하면 누가는 예수가 태어날 때부터 주와 그리스도이심을 분명히 하기 때문이다(2:11). 더욱이 아버지에 대한 그의 종속관계는 승귀 이후에도 전혀 끝나지 않는다(행 4:24-30). 승천이 의미하고 있는 것은 예수의 지위에 대한 눈에 보이면서 구체적인 계시이다. 그것은 예수의 생애에서처럼 제자들의 이해에 있어서도 하나의 변화였는데, 왜냐하면 이 승천의 순간이 되어서야 비로소 제자들이 이해하고 기뻐하게 되었기 때문이다(24:52-53).

이와 같이 누가복음을 끝맺는 승천 기사는 전체 책을 같은 전망으로 표현하여 그 기사의 중요성을 보여주고 있다. 누가의 첫번째 책에서 그는 예수를 그리스도로 제시하는데 집중하고 있으며, 그 역할은 "선지자"와 "하나님의 종"이라는 구약적 개념들로 더 자세하게 규정된다. 그러나 제자들과 마찬가지로 누가의 독자들도 승천하실 때 예수님의 영광스러움에 의해 이러한 표현을 다시 숙고할 수밖에 없는 것이다. 그리하여 묘사된 생애가 이제는 "주"(the Lord)로 알려진 분의 생애임이 인식된 것이다. 따라서 누가가 그의 복음서에서 하고 있는 것은 예수의 지상적 생애를 회고하면서 사도행전의 보다 명백한 기독론과 일치한다는 것을 볼 수 있는 방식으로 제시하고 있는 것이다. 누가는 예수를 영원히 존재하시는 분으로, 그리고 공동체에 의해

---

26) 3장 주 24를 참조하라.

경배 받는 승귀하신 주님으로 생각하고 있다. 그러므로 누가는 예수의 생애 이야기를 승귀를 향한 하나의 활동으로 그리고 지금 그가 받으시는 인정과 영화(glorification)에 대한 적절한 전주곡으로 이야기하고 있다는 것이다.

구원사와 종말론

누가의 예수에 대한 이야기와 교회에 대한 이야기 사이의 연속성 문제는 아마도 누가 연구에서 가장 논쟁적인 쟁점으로 언급되었다.

본서 1장에서 진술한 대로, 한스 콘첼만(Hans Conzelmann)은 누가가 역사를 세 가지의 뚜렷한 시기, 즉 이스라엘의 시대, 예수의 시대, 그리고 교회의 시대로 나누었다고 주장했을 때 그는 누가복음에 대해 앞으로 많이 토론될 무대를 마련하고 있었던 것이다. 처음의 두 시대 사이에 있는 구분은 16:16에서 예수께서 "율법과 선지자는 요한의 때까지요 그 후부터는 하나님 나라의 복음이 전파되어…"에 나타나 있다. 두 번째 시기와 세 번째 시기 사이의 구분은 누가복음과 사도행전 사이의 구분 및 주님이 계시지 않는 시간의 장기적인 기간 동안 인내해야 하는 공동체에 대한 사도행전의 독특한 진술에 의해 나타나고 있다.

콘첼만이 첫번째 시대의 구분이 있다고 생각하는 것은 일반적으로 인정되고 있지만, 그러나 누가가 세례 요한을 첫번째 시대에 둘 것인지 아니면 두 번째 시대에 둘 것인지에 대해서는 많은 토론이 있었다.[27] 하지만 두 번째 구분은 보다 논쟁의 여지가 있으며 또한 이를 받아들이는 효과는 보다 중대하다. "교회의 시대"(time of the Church)를 역사의 주요 시대로 소개하고 또한 예수를 "시간의 중심"

---

27) 콘첼만 자신은 세례 요한을 첫번째 시대에다 두지만, 그러나 유년 설화의 증거를 깊이 생각하고 있는 많은 사람들은 요한을 두 번째 시대에 두거나 혹은 그를 두 시대를 잇는 하나의 가교(bridge)로 생각하고 있다.

(the middle of time)에 놓음으로써, 콘첼만에 의하면 누가는 파루시아의 지연을 불가피한 것으로 받아들이고서 그의 교회가 긴 시간을 위해 준비시키고 있다는 것이다. 하지만 그는 복음의 종말론적인 선포에 없어서는 안될 어떤 것, 말하자면 구원의 현재적 입수 가능성을 희생시키고 있다.

콘첼만은 주장하기를, 누가에게 있어서 구원은 과거에 얻을 수 있었으며 그리고 분명한 미래에도 얻을 수 있게 되겠지만, 그러나 지금은 교회가 추억과 약속으로 존재하고 있다는 것이다. 누가는 그리스도께서 가져다주신 구원을 "역사화"시키고 있다. 누가는 역사적 예수를 "오늘 구원이 이르렀으니…"(19:9; cf. 2:11; 4:21; 22:43)라고 선포하시는 분으로 그리고 있는 유일한 신약 저자이다. 그러나 누가 공동체에 있어서 이 "오늘"은 과거에 속해 있다. 이것은 "지금은(now) 구원의 날이로다"(고후 6:2)고 말하는 바울 선포의 즉시성(immediacy)을 지니고 있지 않다. 누가에게 있어서 구원의 때는 "지금"(now)이 아니다. 그것은 지나갔으며, 그리고 마지막 때에 그 구원의 때가 돌아오는 것은 무기한으로 연기되었다. 그 동안에 교회는 성령의 은사를 통해서 든든하게 되겠지만, 그러나 아울러 많은 환난을 당하지 않으면 안된다(행 14:22).[28]

콘첼만의 논지는 처음에는 광범위하게 받아들여졌으며 그리고 많은 저작에 영향을 미쳤다. 게르하르트 슈나이더(Gerhard Schneider)는 누가가 임박한 파루시아의 소망을 항상 준비하고 있으라는 권면으로 대치시켰다고 하였다.[29] 쟈크 듀퐁(Jacques Dupont)

---

28) 콘첼만은 누가복음에서 예수의 시대는 대조적으로 사탄의 영향력에서 해방된 것으로 표현되고 있다고 생각한다(cf. 4:13; 22:3). 이러한 점은 널리 거부를 당하고 있는데, 심지어 그의 논지를 따르고 있는 사람들도 받아들이지 않는다. 왜냐하면 수 많은 귀신 축출 기사들은 예수를 사단과 전투를 치르시는 분으로 묘사하고 있기 때문이다.

29) Gerhard Schneider, *Parusiegleichuisse im Lukasevangelium*. SB 74(Stuttgart: Katholisches Bibelwerk, 1975).

은 누가가 궁극적인 소망을 "개인적인 종말론"(individual eschatology)으로 바꾸어, 이로 말미암아 구원은 신자들이 자신의 지상 생애가 끝날 때에 받게 된다고 주장하였다.[30] 귄터 클라인(Günter Klein)은 누가의 계획의 효과는 신성한 과거와의 교제에 의존하여 구원을 받아들이도록 하였는데, 이는 오직 합법적인 전승을 통해서 얻을 수 있다고 말하였다.[31] 어쨌든 이 모든 제안들은 콘첼만이 말했던 기본적인 주제에 대한 여러 가지 변형들이다. 헬무트 플렌더(Helmut Flender)는 그의 책 『누가: 구속사 신학자』(*St. Luke: Theologian of Redemptive History*)에서 다소 다른 모형을 제시하였다.[32] 누가의 사고를 올바로 이해하기 위해서는 누가의 구도가 지상적 존재 양식과 천상적 존재 양식 사이의 구별에 의해 영향을 받았음을 깨닫는 것이 필수적이다는 것이다. 구원사와 종말론은 수평적인 차원뿐만 아니라 수직적인 차원도 가지고 있는데, 왜냐하면 지상적 영역과 천상적 영역이 동시에 존재하기 때문이라는 것이다. 근본적으로 누가는 이러한 것들이 요한계시록 12장에 묘사되어 있는 구도에 따라 성취되고 있는 것으로 이해한다. 즉 우선 하늘에서의 승리와 그리고 그 다음에 땅 위에 있는 만물의 회복이다. 누가의 관점에서 볼 때, 첫번째 단계는 이루어졌으며 그리고 두 번째 단계는 성취되는 과정에 있다.

플렌더(Flender)에 의하면, 예수의 승천은 부재의 기간에 앞서서

---

30) Jacques Dupont, "Die individuelle Eschatologie im Lukasevangelium und in der Apostelgeschichte," in *Orientierung an Jesus: Zur Theologie der Synoptiker*, ed. by Paul Hoffman(Freiburg: Herder, 1973), pp. 37-47.

31) Günter Klein, *Die zwölf Apostel. Ursprung und Gehalt einer Idee.* FRLANT 77(Göttingen: Vandenhoeck und Ruprecht, 1961).

32) Helmut Flender, *St. Luke: Theologian of Redemptive History*(Philadelphia: Fortress Press, 1967; German original published in 1965).

일어나는 승천(departure)으로써 부정적으로 이해되어야 하는 것이 아니라, 그의 현재적 통치의 시작으로써 긍정적으로 이해되어야 한다는 것이다. 사실 누가는 그의 파루시아 때에 대개 그리스도와 관련성을 가지고 있는 많은 기능들을 그의 승귀, 그 중에서도 특히 성령의 부으심에 전가시키고 있다. 플렌더는 다니엘 7:13이 원래는 지상에 도래하는 인자를 가리키는 것이 아니라 하늘에서의 그의 등극(enthronement)을 가리키고 있음을 살펴보고서, 그는 누가에게 있어서 승천과 파루시아가 실질적으로 동일하다고 주장하였다. 지상에서 인자의 나타나는 날(17:30)은 이미 시작된 "인자의 날"(17:22) 중의 하루일 것이다.

플렌더(Flender)가 단순히 누가의 곤경을 시간적인 용어보다는 공간적인 용어로 재진술하고 있다고 말하기도 한다. 콘첼만은 구원이 과거나 미래로 옮겨진 것으로 생각하는 반면, 플렌더는 구원이 하늘로 옮겨진 것으로 나타내고 있다.[33] 그러나 플렌더는 구원이 여전히 변증법적인 의미에서 끊임없이 현존하고 있는 것으로 주장한다. 비록 그리스도인들이 하나의 역사적 실존으로 계속 살아가고 있지만, 그들이 음침한 과도기에 붙들려 있는 것은 아니다. 오히려 그들은 부활하신 그리스도와의 교제를 누리고 있으며 성령을 받고 있다. 그리하여 플렌더는 진짜 구원에 대한 단순한 "대용물" 훨씬 이상으로 생각하고 있는 것이다. 따라서 하나님께서 저희를 위하여 그리스도를 보내실 것이라는 것을 기독교 설교자들이 잠재적인 회심자들에게 말할 때(행 3:20), 그들은 사실상 회개하는 모든 사람들에게 개인적인 파루시아를 약속하고 있는 것이다. 마찬가지로 "오늘"의 구원에 대한 예수님의 말씀도 실존적으로 해석되어야 한다. 누가는 그의 독자들이 역사적 의미를 초월하는 방식으로 성취와 구원에 대한 약속들을 그들 자신의 "오늘"에 적용시켜서 들어주기를 의도하고 있는 것이다. 그리하여 교회는 예수에 의해 일어난 근본적으로 변화된 상황을 공유하고

---

33) Bovon, p. 253.

있으며, 한편 동시에 세상을 다시 새롭게 하는 일에 참여하고 있는 것이다. 이러한 사역은 천상적인 그리스도의 인도와 성령의 지도하에 일어난다. 그리스도로 말미암아 이미 완성된 구원의 메시지는 땅 위의 구원의 완성을 미리 나타내는 방식으로 세상을 변화시킨다.

결론

예수에 대한 누가의 견해에 관하여 여러 가지 많은 개념들이 이 장에서 제시되었지만, 신중한 독자들은 이미 그들 사이에 한 가지로 집중하는 사항들을 주목하였을 것이다. 누가복음과 사도행전에 예수의 초상을 다르게 나타내고 있다는 것은 널리 인정되고 있으나, 대부분의 학자들은 이들 배후에 동일한 기독론이 있으며 그리고 두 번째 책을 읽는 것이 첫번째 책을 이해하는데 필수적이라고 생각한다. 누가는 예수를 메시야로 나타내기를 원하지만, 아울러 "메시야 이상"이신 분으로도 나타내기를 원한다. 킹스베리(Kingsbury), 보크(Bock), 그리고 프랭클린(Franklin) 모두 누가가 이 작업을 수행하고 있음을 여러 가지 점에서 나타내고 있다. 즉 신앙고백적인 칭호들, 구약성경의 언급들, 그리고 승천 이야기 등을 사용함으로써, 누가는 예수가 누구인지 보다 상세하게 나타내기 위해 예수의 생애에 있는 그대로의 사실들을 보도하는 것 이상으로 나아간다. 마찬가지로 누가가 예수를 묘사하기 위해 사용하고 있는 고대 세계에서 나온 모델들도 이 이야기의 한 부분만을 말하고 있을 뿐이다. 예수는 신적인 철학자, 신화적인 불멸인, 혹은 헬라적 은인 등에 비유될 수 있지만, 그러나 무엇보다도 누가는 예수가 독특한 분이심을 말하고자 한다(행 4:12).

누가는 예수께서 하나님의 구원을 가지고 오셨다고 생각하는 것은 의문의 여지가 없지만, 그러나 지금 그 구원이 어떻게 획득되며 또한 그 구원을 어떻게 받을 수 있는가는 덜 분명하다. 부분적으로 이 문제는 누가 자신이 예수께서 "예루살렘에서 이루실" 것을 그의 "별세"(9:31)와 그의 "승천"으로 묘사하고 있는 비밀의 언어를 사용하고 있다는 데 기인한다. 이러한 표현들은 그의 십자가 처형, 그의 부활, 그의 승천 등을 가리킬 수도 있으며, 아니면 아마도 이 세 가지 사실 모두를 가리킬 수도 있다. 누가는 그가 예수의 죽음에 대해 상당히 작은 중요성을 부여하고 있기 때문에 "영광의 신학"(theology of glory)이라는 항구에 정박하려는 사람으로 비난을 받고 있다.[34] 어떤 사람들은 이러한 솔직함에 이의를 제기하기도 하지만, 다른 사람들은 실제로 누가가 하고 있는 일이 구원의 장소(the locus of salvation)를 넓혔다고 말한다.[35] 예수는 그의 지상 생애 동안에(19:9), 그가 죽으실 때에(23:43), 그리고 영화롭게 되신 이후에도(행 2:21, 38) 구원을 가져다 주신다. 누가 당시에 "구원의 말씀"(행 13:26)은 그의 첫번째 책의 모든 내용, 말하자면 예수께서 자신의 출생부터 그의 승천에 이르기까지(행 1:1) 행하시고 가르치셨던 모든 것을 포함하는 것으로 이해되었다. 우리가 다소 애매모호한 약속인 "주 예수를 믿으라 그리하면 너와 네 집이 구원을 얻으리라"(행 16:31)를 이해할 수 있는 것도 오직 이러한 의미에서이다.

분명히 구원은 누가에게 있어서 역설적인 특성을 가지고 있다. 모든 학자들은 누가가 지금의 상태들을 예수께서 오시기 전의 상태와는 다른 것으로 생각하고 있다는 점은 동의할 것이다. 아울러 누가는 그 구원이 아직은 완성되지 않은 것으로 생각하고 있다는 것도 동의하고 있다. 논의는 이러한 역설의 어느 측면이 강조되느냐 하는 여하에 달려 있다. 즉 어떤 사람들은 복음서 저자가 구원이 이미 현존하고 있다고 선포하는 것으로 생각하는 반면, 다른 사람들은 "아직은 아닌"(not yet)의 실재를 이해하기 위한 그의 노력을 강조하고 있다. 후자 진영의 리더인 콘첼만은 그 당시에는 그의 생각들이 계속 영향력을 행사하고 있었다. 그러나 학자들 중에서 점차로 증가하는 경향은 누

---

34) **Käsemann**, "Ministry and Community," p. 92.
35) Kingsbury, *Jesus Christ in Matthew, Mark and Luke*, p. 126.

가가 예수의 시대와 교회의 시대 사이를 생각하고 있는 연속성과 그리고 구원이 이 두 시대 동안에 하나의 현재적 실재라는 그의 인식을 정당하게 평가하고 있다는 것이다. 사실 많은 사람들은 콘첼만의 삼중적인 도식을 아예 필요 없게 만들고 그 대신 두 시기로만 말하려고 한다. 즉 한편으로는 "약속의 시대"이고, 다른 한편으로는 "성취의 시대" 혹은 "구원의 시대"이다.[36]

---

36) 이러한 제안의 한 가지 예는 Kümmel, "Theological Accusaktions,"을 참조하라.

제 5 장
누가복음에서의 정치적 및 사회적 문제들

　　최근 몇 년 동안 누가 학계에서 가장 큰 관심을 불러일으키는 주제는 정치적 및 사회적 문제들에 대한 복음서 저자의 견해이다. 신학 잡지들을 살펴보면 지난 10년 동안 기독론, 종말론, 그리고 교회론 등과 같은 전통적인 주제들을 조화시키기보다는 이런 문제들은 토론하는데 보다 많은 지면을 할애해 왔다. 부분적으로 이것은 자유주의 신학의 발흥, 여권주의(feminist) 해석학의 발전, 그리고 제3세계 학자들의 연구에 대한 관심의 증가 등에 기인할 수도 있다. 그러나 다른 의미에서, 누가의 정치학을 통해서 누가를 이해하려는 경향은 새로운 일이 아니다. 왜냐하면 이 복음서는 그것이 쓰여졌던 세계에 대한 특별한 인식을 나타내고 있다고 오랫동안 인정되어 왔기 때문이다. 누가의 역사적 언급들(1:5; 2:1-2; 3:1-2)은 그가 보도하고 있는 사건들의 의미와 당시의 사회적 상황을 연결시킬려고 하고 있음을 나타낸다. 사도행전은 정치적인 것과 관련 있는 것들이 교회에 제기할 수 있는 유익과 위험을 누가가 알고 있다는 것을 입증하는 수많은 기사들로 특징을 이루고 있다. 따라서 19세기에서도 정치적인 동기들이 누가의 계획을 이해하는데 중요한 것으로 간주되었다는 것은 놀라운 일이 아니다.[1] 그러나 우리의 목적상 다시금 콘첼만으로 논의를 시작하고자 한다.

정치적 변증

한스 콘첼만(Hans Conzelmann)은 누가 저작의 한 가지 목적이 로마제국에 대한 기독교의 정치적 변증을 제시하기 위한 것이라고 생각한다.[2] 이렇게 할 필요성은 파루시아가 무기한으로 연기되었으며 그리고 교회가 장기간 동안 사회와 공존해야 한다는 누가의 인식이 그 원인이 되었다. 누가는 영속적인 안정을 이루기 위한 희망을 가지고 국가와 대화를 시작하고 싶었던 것이다.

누가는 로마 사람들에게 기독교가 정치적으로 무해하다는 것을 보여주고 싶었다. 누가복음에서 그는 예수가 아무런 정치적 위협을 제기하지 않았으며 또한 로마 통치자들도 이 사실을 인정했음을 분명히 함으로써(23:4, 14-15, 22) 이 작업을 수행하고 있다. 세례 요한이 훌륭한 시민의 자격을 고무시킨 것과 마찬가지로(3:10-14) 예수도 가이사에게 자신의 세금을 바칠 것을 옹호하신다(20:25). 이러한 주제들은 사도행전에서도 계속되는데, 여기서 그리스도인들은 도움을 위해 로마에게 호소할 수 있었으며 또한 어떤 범죄에 대해서도 무죄한 것으로 선언되고 있다(18:12-17; 22:23-29; 25:23-27; 26:32). 기독교의 변호를 통하여 누가는 유대인들에게서 과거의 시끄러운 일에 대해 완전한 속죄의 염소(scapegoat)를 찾아내고 있는데, 즉 유대인

---

1) 이것은 특히 튀빙겐 학파의 구성원들(K. Schrader, M. Schneckenburger, E. Zeller)과 그 반대자들(J. Weiss, W. Ramsay)에 의한 사도행전 연구에 관하여 사실이다. 이들의 저작들에 대한 논의를 위해서 아래(주 4)에 나와있는 Paul Walaskay가 쓴 책의 서론이나 Esler, *Community and Gospel*의 마지막 장을 보라.

2) *The Theology of St. Luke*(위의 1장 주 3을 보라). 이러한 생각은 Cadbury, pp. 299-316의 초기 형태에서 전개되었다.

들이 로마와 막 전쟁을 치르고 굴욕적인 패배를 당했다는 사실이다. 누가는 예수와 초대 기독교 선교사들에 관한 모든 문제들이 유대인들에 의해 선동되었으며, 그리고 로마는 이들을 소란을 일으키는 자들로 알고 있었음을 언급하고 있다.

콘첼만의 논지는 종종 논란이 되고 있지만, 그러나 상당한 영향을 미쳐왔다. 예컨대 찰스 기블린(Charles Giblin)은 기독교에 대한 변증과 함께 누가가 믿음의 잠재적인 대적자들에게 일종의 경고를 하고 있다는 것을 제안할 때, 이러한 기본적인 개념에 의거하고 있다.[3] 그는 자신의 독자들에게 예루살렘의 운명을 하나의 역사 모형론적(historical-typolgical) 교훈으로 제시함으로써 이 일을 하고 있다. 즉 누가복음은 예루살렘의 멸망을 하나님의 심판으로 해석하고 있다. 예루살렘의 운명은 예수님과 그의 제자들을 거부함으로써 결정되었다. 누가는 그의 독자들이 "만일 우리들도 예수님과 그의 사자들을 거부한다면 내 도시(국가 또는 사회)에 무슨 일이 일어날 것인가?"를 묻기를 기대하고 있다. 이방 통치자들에게서 끌어낸 교훈은 만일 그들이 유대교 지도자들의 실수를 피하기를 원한다면, 그것은 기독교 메시지를 받아들이는데 가장 큰 관심을 가지는 일이라는 것이다.

또 다른 학자 폴 왈라스케이(Paul Walaskay)는 기본적인 주제는 유지하고 있으면서도 콘첼만의 논증을 수정하려고 한다.[4] 그는 로마로부터의 박해가 누가 공동체에 하나의 문제였음을 나타내는 확실한 증거를 찾을 수 없기 때문에, 콘첼만의 논지가 뒤집혀 질 수 있다고 하였다. 그는 누가가 교회를 로마제국에 변호하는 것이 아니라 로마제국을 교회에 변호하고 있다고 주장한다. 누가는 확실히 친로마적이

---

3) Charles Homer Giblin, *The Destruction of Jerusalem According to Luke's Gospel: A Historical-Typological Moral*(Rome: Biblical Institute, 1985).

4) Paul Walaskay, *"And So We Came To Rome," The Political Perspective of St. Luke*(Cambridge: Combridge University Press, 1983).

며 그리고 로마제국과의 진전된 관계가 교회를 보다 확장시키는 일을 촉진할 수 있었음을 그 당시의 그리스도인들에게 보여주려고 했다는 것이다. 어떤 사람들은 로마의 정치적, 사회적, 그리고 문화적 상황과 절충하는 것을 꺼림직하게 생각하는 문제들을 가질 수 있기 때문에, 그는 자신의 임무를 일종의 대화를 개시한 사람으로 접근하고 있다. 그는 로마 통치의 몇 가지 긍정적인 특징들을 지적하고 또한 그들에게 인간적인 제도들과 대표들 모든 것 배후에 하나님이 계신다는 것을 그의 독자들에게 상기시키고 있다.

필립 에슬러(Philip Esler)는 누가의 계획의 정치적 및 사회적 동기들을 묘사하기 위해 "사회적 정당화"(social legitimation)이라는 용어를 사용한다.[5] 왈라스케이(Walaskay)와 마찬가지로 에슬러도 복음서 저자가 외부 사람들에게 교회를 대신하여 호소하고 있다고는 생각하지 않는다. 그는 자신의 공동체에 대해 로마에 관하여 말해야 하는 것을 이야기하고 있다는 것이다. 그러나 로마의 정당성을 확신할 필요가 있는 사람들에게 제국에 대한 변증이나 변호를 제시하지 않는다. 오히려 누가는 로마제국과 믿음에 대한 공동의 충성의 가능성을 로마의 그리스도인들에게 다시금 확신시키고 싶어한다. 사회학적인 용어로 이것은 이미 일어난 발전의 "정당화"라는 움직임을 나타내고 있다. 누가는 예수의 무죄성에 대한 로마의 선언을 강조하고 있다. 왜냐하면 이것은 예수가 자기네들의 법률을 위반하지 않았다는 것을 알리는 것이 로마의 그리스도인들에게 중요하기 때문이다. 요컨대 누가는 기독교를 로마에 정당화시키려고 하는 것이 아니라 로마를 교회에 변호하고자 하는 것이다. 즉 그는 로마의 그리스도인들에게 로마 기독교의 정당성을 제시하고 있는 것이다.

기블린(Giblin), 왈라스케이(Walaskay), 그리고 에슬러(Esler) 모두 콘첼만의 논지를 부분적으로 수정하거나 혹은 도전하고 있다. 하지만 그들은 누가가 교회와 국가 사이에 평화스러운 공존을 기대하

---

5) *Community and Gospel*(위의 3장 주 10을 참조하라).

고 있다는 기본적인 생각은 그대로 유지하고 있다. 또 다른 한편으로 리차드 카시디(Riechard Cassidy)는 이러한 전제를 완전히 거부한다.[6] 영향력 있는 책인 『예수, 정치, 사회』(Jesus, Politics, and Society)에서, 카시디는 누가복음이 정치적 변증이나 혹은 존재하고 있는 사회적 질서와 평화를 이루고자 하는 것으로 결코 의도되지 않았다고 주장한다. 우선 누가복음에서 보도하고 있는 예수의 말씀들과 행위들은 어느 누구도 이러한 내용을 예수가 정치적으로 무죄하다고는 결코 확신할 수 없는 혁명적인 영향력을 가지고 있다는 것이다. 예수는 전통적인 권력구조보다는 섬김과 겸손에 기초한 하나의 새로운 사회를 옹호하고 계신다(22:24-27). 그는 불의를 반대하시며, 억압을 반대하는 말씀을 하시며, 비폭력을 옹호하시며, 여성들에 대한 새로운 역할을 단언하시며, 부자들을 정죄하시며, 그리고 자신들의 소유물을 나누어주는 사람들을 칭찬하신다. 누가는 예수를 권력자들에게 경의를 표하기를 거절하시는 분으로 묘사한다. 그는 헤롯을 "여우"로 부르시며(12:31-33) 또한 빌라도의 잔학 행위를 말씀하신다(13:1-3). 그는 유대의 산헤드린에 도전하시며(22:67-70) 그리고 이방 통치자들을 거부하신다(22:24-27). 그는 또한 자신에게 충실한 사람들이 세속 권력자들로부터 고통을 당할 것임을 예언하셨다(21:12). 결국 카시디(Cassidy)는 빌라도와 헤롯이 예수를 무죄하다고 선언하는 일에 있어서 잘못을 범한 것으로 결정한다. 누가에 의하면 예수는 이들의 아이러니칼한 선포이 고려되었다기보다는 궁극적으로 현존하는 사회 질서에 위협을 제기하였다는 것이다.

혁명으로의 요청

만일 리차드 카시디(Richard Cassidy)가 누가가 예수를 정치적으

---

6) Richard J. Cassidy, *Jesus, Politics, and Society. A Study of Luke's Gospel*(MaryKnoll, NY: Orbis 1978). 이 책은 한완상 교수에

로 무해한 사람으로 묘사하고 있다는 논지에 이의를 제기하고 있다면, 그가 정반대의 극단을 선호하고 있는지를 물어보지 않으면 안된다. 그는 누가가 예수를 혁명 선동자로 제시하고 있다는 뜻으로 말하고 있는가? 이러한 견해는 카시디에게 영향을 미친 안드레 트로끄메(Andre Trocmé)가 쓴 『예수와 비폭력 혁명』(Jesus and the Nonviolent Revolution)이라는 책에서 분명하게 개진되었다.[7] 특별히 트로끄메는 누가복음의 예수를 옛날 유대교의 "희년"(Jubilee) 관습을 부활시키고자 하는 분으로 생각하고 있다. 중요한 구약성경 본문들에서 묘사되고 있는 것처럼(레 25장; 출 21:2-6; 23:10-12; 그리고 신 15:1-18; 31:9-13), 희년 선포는 다음과 같은 규정들을 함축하고 있다: 땅은 1년 동안 쉬도록 해야 하며, 빚이 탕감되고, 노예는 해방되며, 그리고 각기 기업으로 돌아간다. 1세기 팔레스틴에서 이러한 조치들을 시행할려는 어떤 시도도 사회적 및 정치적 변동을 일으킬 것임이 분명하다.

트로끄메는 예수께서 누가복음과 다른 복음서에서 하시고 있는 일이 바로 이것이라고 생각하고 있다. 이러한 의견에 대한 중요한 본문은 누가복음 4:16-32이다. 여기에 있는 포로그램적 선언(programmatic statement)에서 예수는 자신의 사역을 "가난한 자들에게 복음을 전하며", "포로된 자에게 자유를 전파하며", "눌린 자를 자유케 하고" 그리고 "주의 은혜의 해를 전파하기 위한 것"으로 묘사하고 있다(18-19절). 예수는 여기서 이사야 구절들을 인용하시는데(사 61:1-2; 58:6), 이들은 희년 주제를 반영하고 있다. 트로끄메에 의하면, 예수께서 전파하시는 "주의 은혜의 해"(the favorable

---

의해 『예수 정치 사회』라는 제목으로 대한기독교출판사에서 1983년에 번역 출간되었다―역자주.

7) Andre Trocmé, *Jesus and the Nonviolent Revolution* (Scottsdale, PA: Herald Press, 1973; French original published in 1961). 이 책은 박혜련 양명수 공역으로 『예수와 비폭력 혁명』이라는 제목으로 한국신학연구소에서 1986년에 번역 출간되었다―역자주.

year of the Lord)는 곧 희년이며, 그리고 예수가 가난한 자에게 전하는 복음은 사회 정치적인 술어로 이해되어야 한다는 것이다. 요컨대 누가는 예수를 소수가 다수를 희생하여 재산을 축적하는 것을 불가능하도록 하는 사회의 즉각적인 재구성을 요구하시는 분으로 제시하고 있다는 것이다. 따라서 예수의 말씀을 듣고 있는 부유한 안식일 예배자들이 살기등등한 분노로 반응하는 것은 놀라운 일이 아니라는 것이다(4:28-29).

희년의 혁명적인 주제는 또한 누가복음의 다른 요소들에서도 볼 수 있다. 예수께서 먹고 마실 것에 대해 염려하지 말 것을 가르치는 것은 땅을 1년 동안 쉬게 해야 되기 때문이다(12:29-31). 아울러 빚의 탕감은 "부채 노예들"(debt slaves)의 해방을 함축하고 있는데, 이는 예수께서 가르치신 모델적인 기도에 언급되어 있으며(11:4), 또한 그가 말씀하신 한 비유에서도 예시되어 있다(16:1-13). 자본의 재분배에 관하여, 예수님은 소유물을 팔 것을 명령하시며(12:30-33; 18:22) 그리고 십일조를 하는 것만으로 충분하지 않다는 것을 주장하신다(11:42). 이러한 가르침들이 하나의 문자적인 경제적 재구성을 함축하기 위해 의도되었다는 것은 사도행전에서 언급되어 있는 초대교회의 관습에서도 분명해 진다(2:44-45; 4:34-35).

예수와 희년에 대한 트로끄메(Trocmé)의 견해들은 존 하워드 요더(John Howard Yoder)의 책 『예수의 정치』(*The Politics of Jesus*)를 통해 미국에 널리 알려졌다.[8] 이들 두 학자는 현재 신약성경의 사회정치적 해석에 상당한 공헌을 하고 있다. 하지만 트로끄메와 요더 모두 누가의 태도보다는 예수의 태도에 보다 관심을 가지고 있음이 주목되어져야 한다. 비록 그들이 대개 누가복음에 나오는 내용들을 다루고 있음에도 불구하고, 그들은 복음서 저자 자신의 관점을 식별하기 위해 의도된 학문적 방법론들을 사용하지 않는다.

---

8) John Howard Yoder, *The Polistics of Jesus*(Grand Rapids: Eerdmans, 1972).

로버트 슬로우언(Robert Sloan)은 그의 책 『주의 은혜의 해』(*The Favorable Year of the Lord*)에서 누가의 희년에 대한 주석적 본문을 제공하고 있다.[9] 그는 누가복음에서 이 주제가 종말론적 및 제의적 차원들을 가지고 있음을 발견했는데, 이는 트로끄메와 요더가 고려하지 못했던 것이었다. 누가는 희년 선포를 예수의 오심에 의해 성취된 것으로 나타내고 있기 때문에(4:21), 그는 이 선포를 주로 법률적이고 정치적인 술어로는 이해한 것 같지 않다. 4:18에서 예수의 사역의 효과들을 포로들의 "해방"으로 그리고 눌린 자들의 "자유"로 묘사하기 위해 사용된 헬라어는 다른 곳에서는 누가에 의해 죄의 "용서"로 사용되고 있다. 더욱이 슬로우언(Sloan)은 누가복음 4:18-19에서 예수가 언급하고 있는 이사야 구절들은 새로운, 종말론적인 상황에서 희년 주제의 재해석임을 주목한다. 이사야 61:1-2은 희년 전승을 이스라엘이 바벨론 포로에서 해방된 것을 표현하는 방식으로 언급하고 있다. 비슷한 방식으로 누가는 하나님께서 예수 그리스도로 말미암아 얻을 수 있도록 한 구원의 선물을 묘사하기 위해 이 주제를 사용한다.

이것은 누가가 희년 주제를 "영성화"하거나 혹은 이 주제의 사회적 및 정치적 함축성들을 벗겨내는 것을 의미하는 것은 아니다. 누가는 종말론을 현재와 미래의 두 단계로 이해하며, 그리고 희년 주제를 이 두 종말론 모두에게 적용한다. 미래에 관하여, 누가는 하나님의 통치의 완성이 가져올 미래의 대역전(the great reversal)을 묘사하기 위해 옛날의 희년 전승에 의존하고 있다. 그러나 누가는 또한 이러한 소망의 성취가 예수님의 사역에서 이미 시작된 것으로 생각하고 있으며 또한 그는 교회가 이와 관련하여 계속 헤쳐 나갈 것을 기대하고 있다. 희년 주제의 혁명적인 측면은 이러한 이해로 말미암아 축소되지 않는다. 사실 슬로우언은 희년 선포를 예수의 시대 중에 단 한 번

---

9) Robert Sloan, *The Favorable Year of the Lord*(Austin: Schola Press, 1977).

일어난 무엇으로 제한시키는 것이 요더(Yoder)의 보다 정확한 견해라고 주장한다. 이 주제의 전적인 종말론적 차원들을 고려함으로써 누가가 그것을 하나의 우주적인 개념으로 받아들이고 있음을 알 수 있다. 희년의 혁명적인 이미지는 교회가 지속적으로 무엇을 경험하고 선포하며, 아울러 기다리고 있는가를 나타내고 있다.

따라서 슬로우언(Sloan)의 주석적 연구는 누가복음을 이해하기 위한 희년 주제의 중요성을 확증하고 있다. 즉 희년 주제는 나사렛에서 한 프로그램적인 연설에 나타나며(4:16-21), 이 주제는 모범적인 설교(6:20-38)와 모범적인 기도(11:2-4)에 스며들어 있으며, 그리고 이것은 누가판 대위임 명령(24:47)을 구성하고 있다. 그러나 누가에게 있어서 이 주제의 우선적인 중요성은 예수께서 사회를 어떻게 재구성하려고 하셨는가 하는 역사적인 회상이라기보다는 하나님의 구원의 본질을 이해하기 위한 설명적인 언급을 제공하고 있다는 것이다.[10]

평화를 위한 탄원

트로끄메(Trocmé)가 쓴 책의 제목이 나타내고 있는 것처럼, 누가의 예수를 혁명적인 인물로 이해하는 사람들조차도 예수가 이루기를 원했던 것이 비폭력적인(nonviolent) 혁명임을 주장한다. 평화주의에 대한 누가의 언명은 『나의 원수는 나의 손님』(*My Enemy is My Guest*)으로 불리우는 J. 매씽베어드 포드(J. Massyngbaerde Ford)에 의한 최근 연구의 주제이다.[11] 이 책의 제목은 누가복음의

---

10) Sharon Ringe가 쓴 최근의 책은 초대 그리스도 교회에 대한 희년 이미지들의 의미와 그리고 이러한 이미지들이 오늘날 신학적 반영에 대해 가지고 있는 함축성들을 탐구하고 있다. *Jesus, Liberation, and the Biblical Jubilee: Images for Ethics and Christology*(Philadelphia: Fortress Press, 1985)를 참조하라.

11) J. Massyngbaerde Ford, *My Enemy is My Guest: Jesus and Violence in Luke*(Maryknoll, NY: Orbis, 1984).

특징적인 주제, 말하자면 예수님을 죄인들 및 세리들과 함께 식사를 나누시는 분으로 자주 언급하는 것에 근거하고 있다(5:29; 15:1-2; 19:1-10). 대체로 배척을 당하는 사람들과 식탁교제(table fellowship)를 가지심으로써, 예수님은 그들을 자신과의 언약 관계 속으로 끌어들이신다.

누가복음은 또한 다른 방식으로도 평화주의를 고취한다. 예수님은 불친절한 사마리아인들에 대해 관대함을 보여주시며(9:51-56) 그리고 그의 몇몇 동족들이 빌라도에 의해 살해를 당했을 때(13:1-9) 보복하기를 거절하셨다. 어떤 경우에서는 누가의 평화주의가 그의 자료 편집에 영향을 미쳤음을 알 수 있다. 그는 큰 잔치 비유에서 폭력적인 보복을 다루고 있는 요소들을 생략하며(14:15-24; cf. 마 22:7, 11-14) 그리고 열매맺지 못하는 무화과 나무의 멸망을 명하시는 이야기(막 11:12-14, 20-21)를 이 나무에게 한 번 더 기회가 주어지기를 간청하는 비유(13:6-9)에 대치하고 있다. 그리고 누가의 성전 청결 기사(19:45-46)도 상당히 억제되어 있다(cf. 막 11:15-19; 마 21:12-13). 마지막으로 예수님의 원수들에 대한 그의 사랑은 누가의 수난설화에서 본질적인 요소가 되고 있다. 여기서 예수님은 자기 스스로 한 말에 따라(6:27-36) 이상적인 순교자로 묘사되어 자기 변호를 하실 때조차도 보복을 거부하신다. 오히려 예수님은 자신을 정죄한 사람의 종을 치유하시고(22:51) 또한 자신의 사형 집행자들을 위해 기도하신다(23:34).

포드(Ford)의 주장은 평화주의 주제가 누가의 특별한 특징인데, 이는 그 당시의 당면 사건들에 대한 자신의 반응을 나타내고 있다는 것이다. 누가복음이 쓰여지기 직전에, 팔레스틴은 로마와의 파국적인 전쟁에 휘말려 있었으며, 그리고 예루살렘이 멸망된 이후에도 불안과 폭력적인 소란이 계속되었다. 누가는 그리스도께서 가져오신 평화는 군사적인 투쟁과 폭력을 통해서라기보다는 사랑과 죄 용서와 그리고 원수들을 용납함으로 말미암아 얻어지는 것임을 그 당시의 그리스도인들에게 보여주고 싶었던 것이다.

누가는 이것이 근본적인 개념임을 깨닫고 있었기 때문에, 이러한 전통적인 생각이 담겨져 있는 내용으로 그의 복음서를 시작하고 있는 것이다. 유년 설화는 호전적인 표현으로 가득차 있다. 즉 스가랴(1:19)와 마리아(1:26)에게 나타났던 가브리엘은 전쟁 천사(war angel)이며, 그리고 장엄한 어조로 그리스도의 탄생을 알리는 것도 "천군"(army of angels)이다. 처음 두 장에 있는 예언들과 찬송들은 하나님의 백성들이 저희 조국을 위해 명예를 확보하고 또한 저희 원수들에게 보복할 신적인 지도자를 기대하고 있음을 보여주고 있다. 이곳에 나타나는 전승들은 구원을 위해 그리고 메시야적 평화를 확립하기 위해 하나님을 힘차게 의존하는 것을 보여준다. 그러나 이들이 보여주는 평화의 개념은 가장 최근에 이스라엘에게 일어난 미혹된 소망 및 파멸적인 전쟁과 유사하다. 예수께서 성인으로 무대에 등장하셨을 때, 하나의 새로운 개념이 도입되었던 것이다. 누가는 예수님을 전통적인 메시야적 기대들을 성취하는 분으로서가 아니라 원수들에 대한 사랑을 선포하시며 죄인들에게 구원을 제공하시는 분으로 묘사하고 있다. 그리하여 누가는 평화를 위한 그의 탄원을 진정한 문학적 예술가의 섬세함과 감성으로 말하고 있는 것이다.

 누가의 의도에 대한 포드(Ford)의 이해와 콘첼만 및 다른 학자들의 이해를 비교해 보는 것은 흥미있는 일이다. 콘첼만과 마찬가지로 포드도 누가가 그 당시의 그리스도인들과 로마 사회의 기독교 대적자들 사이에 평화로운 관계를 확립하기를 원했다고 생각한다. 하지만 그녀는 이러한 동기를 교회의 자기 이익이라는 말로 규정하거나 혹은 이것이 원칙들의 타협을 의미한다는 것이라고는 암시하지 않는다. 평화에 대한 누가의 관심은 자기 보존 및 확대를 위한 어떤 실제적인 프로그램이라기보다는 원수 사랑이라는 신학적 개념에 근거하고 있다. 죄 용서와 원수들을 용납하는 것은 어떤 다른 목적에 대한 수단이 아니라 그 자체가 하나님의 뜻이며 곧 그리스도의 길이다. 예수님은 그의 생애와 그의 죽음에서 죄 용서와 원수 사랑은 그 결과와는 관계없이 추구했던 방침이었음을 보여주셨다. 이러한 의미에서, 비록 포드(Ford)는 누가가 예수님의 정치적 역할을 누그러뜨렸다는 점에서 콘첼만과 견해를 같이 하지만, 그러나 궁극적으로 누가에 대한 그녀의 이해는 슬로안과 트로끄메의 것에 더 가까운 것 같다. 그녀가 생각하기로는 누가가 신봉하는 평화주의는 그 자체가 사회적으로 그리고 정치적으로 혁명적이라는 것이다.

불우한 사람들에 대한 관심

누가복음의 또 다른 두드러진 특징은 억눌린 사람들이나 배제된 사람들 또는 그 밖에 사회에서 불우한 처지에 있는 사람들에게 특별한 관심을 기울이고 있다는 점이다. 이러한 사람들 속에 포함되는 목록은 길다: 가난한 자들, 병든 자들, 불구자들, 노예들, 문둥병자들, 이방인들, 외국인들, 난민들, 어린아이들, 노인들, 과부들, 그리고 대체로 여자들도 종종 이들 속에 들어가기도 한다. 비록 이러한 사람들의 궁핍이 상당히 다양하지만 주석학자들은 누가의 생각 속에서 이 모든 사람들을 연결시키는 어떤 공통분모에 대해 오랫동안 주의를 기울였다. 말하자면 그들 모두는 예수께서 말씀하셨던 당시의 사회에서 "낙오자들"(underdogs)이었으며, 그리고 다른 사람들이 무시하고, 무관심하며 또는 멸시하는 그런 종류의 사람들이었다.

루이제 쇼트로프(Luise Schottroff)와 볼프강 슈테게만(Wolfgang Stegemann)은 그들의 책 『예수와 가난한 자들의 희망』(*Jesus and the Hope of the Poor*)에서 이 주제에 대한 누가의 독특한 발전을 연구하고 있다.[12] 이들은 복음서 저자가 몇 가지 독특한 방식으로 최초의 기독교 전승의 메시지를 재해석하고 있다고 생각한다. 예를 들면 초대 기독교 전승은 예수께서 단순히 "내가 죄인을 부

---

12) Luise Schottroff and Wolfgang Stegemann, *Jesus and the Hope of the Poor*(Maryknoll, NY: Orbis, 1986: German original published in 1978).

르러 왔노라"(막 2:17)를 말씀하신 것으로 보도하지만, 누가는 "회개시키러"(5:32)라는 말을 첨가시키고 있다. 그 이유는 무엇인가?

이들의 결론은 누가의 사회 역사적 상황이 예수의 상황과는 너무나도 달라서 그리하여 전승들은 새로운 적용의 길을 찾아야 했다는 것이다. 최초 전승의 증거는 예수 운동이 주로 가난한 유대인들로 이루어졌다는 것이다. 예수의 추종자들은 가난한 세리들, 죄인들, 그리고 창녀들을 포함하고 있었다. 예수님은 그런 사람들에게 하나님의 통치가 시작되고 있으며 그리고 그들이 곧 옹호될 것임을 말씀하셨다. 그리하여 예수님은 아무런 희망없이 살아가는 사람들과의 진정한 교제를 시작하셨으며 또한 그들 가운데 결속을 위한 기초를 확립하셨던 것이다.

누가 당시에 상황은 달랐다. 왜냐하면 기독교 공동체는 더 이상 주고 궁핍한 사람들로만 구성되지 않았기 때문이다. 그의 복음서에서 세리 레위는 큰 잔치를 배설할 수 있는 충분한 재산을 가지고 있었으며(5:29) 그리고 거리의 여자도 비싼 향유를 소유할 여유가 있었다(7:38). 예수님 당시 대부분의 세리들과 창녀들은 실제로 아무런 재산이 없는 노예들이었기 때문에, 누가의 묘사들은 시대착오적이거나 혹은 최소한 격식을 벗어난 것으로 간주되어야 한다. 하여튼 복음서 저자가 그러한 사람들이 가난하다는 것을 강조하지 않고 있음을 알 수 있다. 오히려 초점은 버림받은 사람들로서 그리고 멸시받고 배제된 사람들로서의 그들의 지위로 옮겨지고 있다(5:30; 7:30). 최초의 전승에서 단지 하나의 사실이었던 예수님과 죄인들과의 우정은 누가복음에서 예수가 배타적인 사회의 불의에 대해 항변하시는 일종의 시위(demonstration)가 되고 있다. 누가는 또한 이러한 교제의 신학적 해석을 소개하는데, 즉 예수께서 지금 그들의 회심을 가져오기 위해 죄인들에게 은혜를 베푸신다는 것이다. 쇼트로프(Schottroff)와 슈테게만(Stegemann)이 최초의 전승에서 관찰한 것은 회심으로의 부르심이 유력한 사람들에게로 향하고 있다는 것이다. 예수님은 단지 그들이 회개할 필요성만이 아닌 낮은 자들이 높힘을 받을 것을 선언하셨다.

 이들 두 학자가 주장하듯이 누가의 편집 목적은 예수님과 버림받은 자들과의 교제에 대한 전승을 신분이 높은 사람의 공동체에 말하기 위한 것이다. 누가 당시에 누가가 그의 복음서에서 묘사하고 있는 불우한 사람들은 더이상 기독교 메시지의 능동적인 대행자가 아니라, 누가는 그들이 계속해서 교회 사역의 대상들이 될 것으로 소망하고 있다. 그러나 사회적 긴장들은 여전히 존재하고 있으며 그리고 누가 교회의 많은 구성원들이 가지각색의 이유로 다른 사람들은 경멸하는 경향을 가지고 있었다. 경제적 상태도 한 가지 요인이기도 하지만, 그러나 심지어 부자들이라 해도 직업이나 인종, 그리고 계층적인 구별을 근거로 하여 배제될 수도 있었다. 그러므로 누가는 "가난한 자들"의 개념을 넓히고 있으며, 그리고 기독교 운동의 근원으로 돌아감으로써 그는 모든 배타주의(exclusivism)에 대해 논쟁하는 가운데 일어나고 있는 것들을 묘사하고 있는 것이다. 누가는 자신의 공동체의 신분이 높은 구성원들이 그들 자신의 태도와 예수의 대적들의 태도를 비교해 보기를 원하고 있으며, 또한 그는 이들에 대해 일관되게 나쁜 종류의 사람들과의 교제를 수반하는 사역에 대해 "불평하고" 있는 사람들로 나타내고 있다(5:30; 15:2; 19:7). 그는 아이러니컬하게도 그러한 그리스도인들에 의해서 기독교 운동이 시작된 것을 받아들였다고 말한다. 그는 그리스도인들이 "저희 원수를 사랑하며"(6:27) 또한 그들이 하층 계급의 사람들로 생각하는 사람들에게도 선을 행할 것을(14:12-14) 바라고 있다. 최초 기독교 전승과 마찬가지로 누가도 여전히 결속(solidarity)에 관심을 가지고 있지만, 지금은 단지 가난한 사람들 사이의 결속이라기보다는 오히려 서로 다른 사회적 및 물질적 상황 속에 있는 사람들 사이의 결속에 관심을 가지고 있다.

제5장 누가복음에서의 정치적 및 사회적 문제들   129

여성의 새로운 역할

불우한 자들에 대한 관심과 함께 누가복음은 여성의 위치에 대해서도 특별한 관심을 가지고 있는데, 이들도 그 당시 억눌린 사람들과 배제된 사람들 속의 한 부류로 간주되었다. 누가복음을 대충 읽기만 해도 이 책에 있는 여성에 대한 묘사가 신약성경의 다른 어떤 책보다 더 현저하다는 것을 보여준다. 이들이 보다 자주 언급되고 또한 이들이 맡고 있는 역할은 다른 복음서들보다 더 의미심장하다.

누가는 남자와 여자에 대한 병행적 언급들을 좋아하는 듯하다.[13] 하나님의 나라를 처음에는 한 남자가 심고 있는 씨에다가 견주고(13:18-19) 그 다음에는 한 여자가 누룩으로 부풀게 하는 일에다가 견주고 있는(13:20-21) 비유들은 또한 마태복음에서도 발견된다(13:31-33). 그러나 그 밖의 예증들은 누가복음에 독특한 것들이다. 즉 스가랴에 대한 고지(1:5-25)와 마리아에 대한 고지(1:26-38), 시므온의 예언(2:25-35)과 안나의 예언(2:36-38), 안식일에 한 여자의 치유(13:10-17)와 안식일에 한 남자의 치유(14:1-6), 양 한 마리를 잃어버린 남자에 대한 이야기(15:3-7)와 한 드라크마를 잃어버린 여자의 이야기(15:8-10), 한 자리에 누워 있는 두 남자에 대한 언급(17:34)과 매를 갈고 있는 두 여자에 대한 언급(17:35) 등등이다. 중요한 것은 복음서 저자와 또한 예수님의 남자 제자들에 대한 그의 전승적인 목록(6:12-16)과 예수님을 따랐던 여자들에 대한 독특한 목록(8:1-3)을 조화시키고 있다는 점이다.

누가가 여성들에게 그러한 탁월함을 부여하는 목적은 그리스도의 사역의 포괄적인 성격을 강조하고 또한 남자와 여자가 동등하다는 것에 전력을 다하기 위한 것으로 대개 추정되고 있다. 그러나 최근에

---

13) Cadbury, p. 234. 이러한 병행적 언급들에 대한 보다 최근의 목록들에 대하여 Tannehill, pp. 132-35; O'Toole, pp. 118-120; Jane Kopas, "Jesus and Wonem: Luke's Gospel," *TToday* 42(1986): 192-202.

어떤 학자들은 누가가 실제로 여성의 지위 향상을 진전시키려고 하지 않았다는 주장을 하였다.[14] 엘리자베스 테틀로우(Elizabeth Tetlow)는 『신약에서 여성과 사역』(Women and Ministry in the New Testament)에서 복음서 저자가 자신의 공동체에서 여성의 적극적인 역할에 대해 부정적으로 반응을 나타내면서 보다 적절한 역할을 제시하고 있다고 주장한다.[15] 예를 들면 그녀는 여성 제자들이 남자들에 대해 물질적으로 도움을 주는 것으로 묘사되고 있지만(8:3) 그러나 어떤 선포 사역을 행하고 있는 것이 아님을 주목하고 있다. 누가는 여자들에게 있어서는 듣고 배우는 일이 적절하다고 생각했기 때문에 여자에 관한 교리 문답적 내용을 포함시킬 수 있었다는 것이다 (10:38-42). 이들은 또한 기도(행 21:5)와 구제(21:1-4)를 통하여 정당한 역할을 수행할 수도 있었다. 그러나 사도행전이 분명히 하고 있는 것처럼 교회 안에서 지도력의 위치는 오직 남자들에게 있었다. 테틀로우(Tetlow)는 여성의 위치와 역할에 대한 누가의 이해는 세 단계로 해석될 수 있다고 생각하는데, 이는 한스 콘첼만(Hans Conzelmann)이 표현한 구원사의 세 단계를 따르고 있다.[16] 이스라엘의 시대 동안에는, 누가의 유년 설화에서 마리아와 엘리사벳에 대한 누가의 묘사에서 분명히 나타나는 것처럼 여자들은 믿음의 모범들이며 또한 말씀을 선포하는 것이 가능하였다. 그러나 예수의 시대 동안에는 이 역할이 상당히 축소되어, 마지막 교회의 시대에서는 여자들의 역할이 한층 더 축소되었다는 것이다. 이러한 묘사에 대해 약간의 예외가 있는데, 가령 브리스길라에 대한 언급으로 이 여자는 사도행전 18:26에서 남자 사도를 가르친 사람이다. 그러나 테틀로우

---

14) 여기서 논의한 것들 외에 Elisabeth Moltmann Wendel, *The Women Around Jesus*(New York: Crossroad, 1982), pp. 142-44을 참조하라.

15) Elisabeth Tetlow, *Women and Ministry in the New Testament*(New York: Paulist Press, 1980).

16) 위의 1장과 4장의 논의를 참조하라.

(Tetlow)는 이러한 내용이 복음서 저자가 받은 전승에 근본적인 것으로 간주하고 있다. 대체로 그녀는 누가가 그러한 전승들에서 여자들에게 주어져 있는 보다 우세한 지위를 억눌러서 그들의 역할을 종속적인 자리로 떨어뜨리고자 했다고 생각한다.

또 다른 학자 엘리자베스 쉬슬러 휘오렌자(Elisabeth **Schüssler** Fiorenza)도 여성에 대한 누가의 설명이 호의적이지 않다고 주장한다. 그녀는 일련의 논문들이 있는 자신의 영향력 있는 책인 『그녀를 기념하여』(*In Memory of Her*)에서 기독교 기원에 대한 신약의 가부장적 해석을 분석하기 위해 "여권주의 비평 해석학"(feminist critical hermeneutics)이라는 방법론을 사용하고 있다. 누가복음에 관하여, 그녀는 복음서 저자가 예수님을 따르는 사람들이 종종 남겨두지 않으면 안되는 가족 구성원들의 목록에다가 "아내"를 첨가하고 있음을 주목한다(14:26; 18:29; cf. 마 10:37; 막 10:29). 그리하여 여기에서 받는 인상은 예수께서 요구하시는 철저한 제자도는 오직 남자들을 위한 것임을 말한다는 것이다.[17] 휘오렌자(Fiorenza)도 마찬가지로 10:38-42에서 마리아와 마르다 이야기에 대한 논쟁적인 해석을 좋아하고 있다. 그녀는 이 이야기에서 예수님으로부터 꾸중을 듣는 마르다는 누가 공동체에서 가정의 선도자들인 여자들을 나타내고 있다고 주장한다. 다른 한편 마리아는 그녀의 순종적이고 조용한 행동으로 인하여 칭찬을 받는다.[18]

대다수 누가복음 학자들은 누가가 여성들의 역할을 제한시킬려고 했다는 테틀로우(Tetlow)나 휘오렌자(Fiorenza)의 주장을 받아들이지 않는다. 예를 들면, 제인 코퍼스(Jame Kopas)는 여성에 대한 누

---

17) Elisabeth **Schüssler** Fiorenza, *In Memory of Her. A Feminist Theological Reconstruction of Christian Origins*(New York: Crossroad, 1987; first published in 1983).

18) Elisabeth **Schüsser** Fiorenza, "Theological Criteria and Historical Reconstruction: Martha and Mary: Luke 10:38-42," *CHSP* 53(1987): 1-12; first published in 1986.

가의 묘사를 그 당시의 기대들을 훨씬 넘어서는 동등의 정도를 암시하고 있다고 생각한다.[19] 로우절리 라이언(Rosalie Ryan)은 누가가 철저한 제자도를 남자들에게 제한시킬려고 했다는 견해에 이의를 제기하는데, 왜냐하면 누가는 복음서 전체에서 예수님을 따르는 갈릴리의 여자들을 자주 언급하고 있기 때문이라는 것이다(8:1-3; 23:49, 55; 24:10; cf. 행 1:14).[20] 마리아와 마르다 단화에 대한 휘오렌자(Fiorenza)의 해석과는 반대로, 누가가 여기서 예수님을 여자의 역할이 집안일을 하거나 손님을 접대하는 그러한 전통적인 의무들에 제한되어야 한다는 견해에 도전하시는 분으로 묘사하고 있다고 흔히 주장된다. 그리하여 마리아에 대한 그의 변호는 복종을 전하는 것이 아니라 오히려 여자들도 남자들과 같이 말씀을 들을 수 있는 권리를 확증한다는 것이다.[21]

누가가 여자들을 제자들로 제시하여 제자도의 모형으로 삼고 있다는 견해는 예수의 어머니 마리아에 대한 누가복음의 묘사에서 최상의 표현을 찾을 수 있다. 『신약성경의 마리아』(Mary in the New Testament)라는 주제를 연구한 초교파 연구팀은 최근에 누가복음에서 마리아는 남자와 여자가 서로 필적한다는 하나의 인물, 즉 이상적인 제자로 묘사되고 있다는 결론에 도달하였다.[22] 천사에 대한 마리

---

19) 위의 주 13을 참조하라.

20) Rosalie Ryan, "The Women From Galilee and Discipleship in Luke," *BTB* 15(1985): 56-59. 아울러 Ben Witherington Ⅲ, "On the Road with Mary Magdalene, Joanna, Susanna, and Other Disciples-Luke 8:1-3," *ZNW* 70(1979): 243-48을 참조하라.

21) 예를 들면 Tannehill, pp. 136-37을 참조하라. 확대된 논의에 대해서는 *CHSP* 53(1987): 13-63에 있는 Fiorenza의 논문에 나오는 응답을 보라. J. Brutscheck, *Die Maria-Marta Erzählung. Eine redaktionskritische Untersuchung zu LK 10, 38-42*(Frankfurt: Peter Hanstein, 1986)을 참조하라.

22) Raymond Brown, Karl P. Donfried, Joseph A. Fitzmyer, and John Reumann, eds., *Mary in the New Testament: A*

아의 대답, 즉 "말씀대로 내게 이루어지이다"(1:38)는 그녀가 최초의 기독교 제자임을 나타낸다는 것이다. 그녀는 즉시 이해하지 못하고 그 의미를 알 수 있을 때까지 자신의 마음 속에 둠으로써(2:19, 51) 성장하는 신자들의 모범이 되고 있다. 그녀는 제자도의 시험에서 제외된 것이 아니라 사도적 공동체의 한 부분이 되기 위해 인내하고 있다(행 1:14). 사실, 마리아에 관한 누가의 반복되는 주제는 누가가 하나님의 말씀을 듣고 행하는 진정한 제자도를 구성하는 것으로 생각하는 것을 그녀가 스스로 체현하고 있다는 것이다. 엘리사벳은 마리아가 주의 말씀을 믿었기 때문에 영원히 복이 있다고 선언한다(1:45). 예수님 자신은 마리아를 "하나님의 말씀을 듣고 행하는" 사람으로 말씀하신다(8:21; cf. 11:28-29).

누가가 제자도의 이상적인 모델로 여자를 선택한 것은 그가 여성에 대한 새로운 역할을 일반적으로 옹호하고 있음을 나타내는가? 한 단락은 그럴 수 있음을 암시하고 있는 것으로 해석되고 있다. 누가복음 11:27-28에서, 무리 중의 한 여자가 예수께 대하여 "당신을 밴 태와 당신을 먹인 젖이 복이 있도소이다"고 외친다. 예수의 어머니에 대한 이러한 외침은 여자들이 주로 그들의 영예를 위대한 남자들에 대한 그들의 관련성이나 위대한 아들을 낳음을 통해서 찾는다는 전통적인 견해를 반영한다. 그러나 예수님은 "오히려 하나님의 말씀을 듣고 지키는 자가 복이 있느니라"고 대응하심으로써 이러한 사상들을 뒤집으신다. 요컨대 누가는 예수님을 그 자신의 어머니에 대해서조차도 여자가 남자와 동일한 근거로 평가받아야 함을 주장하시는 분으로 묘사하고 있는 것이다.[23]

Collaborative Assessment by Protestant and Roman Catholic Scholars(Philadelphia: Fortress Press; New York: Paulist Press, 1978).

23) 이러한 해석은 Tannehill, p. 137에서 선호되고 있다.

부자와 가난한 자에 대한 메시지

누가복음에서 지난 몇 년 동안 가장 많은 관심을 끌었던 사회적 이슈는 말할 것도 없이 부자와 가난한 자에 대한 복음서 저자의 태도이다. 이 주제에 대한 학자들의 논문이 많다는 것은 누가 자신이 이 주제에 대해 쏟고 있는 내용이 풍부하다는 것을 반영한다. 이 복음서는 어느 다른 복음서보다도 소유물과 관련 있는 보다 많은 전승들을 보존하고 있다. 예를 들면 오직 누가복음에서만 삭개오 이야기(19:1-10)나 어리석은 부자의 비유(12:13-21), 불의한 청지기의 비유(16:1-15), 그리고 부자와 나사로 비유(16:19-31)가 나타난다.

하지만 어떤 학자는 "누가가 소유물에 대해 계속적으로 말하고 있다"고 할지라도, "그가 소유물에 대해 일관되게 말하는 것은 아니다"라는 사실에 대해 주목하고 있다.[24] 비록 예수의 제자들이 필경 그를 따르기 위해 지상의 소유물을 버렸음에도 불구하고 예수님은 재물의 적절한 사용에 대해 많은 시간을 할애하여 말씀하신다(5:11, 28; 18:28). 복이 있는 사람들은 부자가 아니라 가난한 자이다(6:20, 24). 그러나 다른 한편으로 주는 것이 받는 것보다 복이 있다(행 20:35). 한 사람은 자신의 소유 절반을 주는 것으로 칭찬을 받는 한편(19:1-10), 또 다른 사람은 그가 모든 것을 주려고 하지 않기 때문에 명백하게 거절을 당한다(18:18-25). 사도행전에서도, 예루살렘 교회는 "기독교 공산주의"(Christian Communism)의 한 전형을 행하고 있는 것으로 묘사되고 있지만(2:44-45; 4:32) 그러나 이 일이 바울이 설립한 교회에서도 지속되었다는 아무런 암시가 없다. 몇 년 전에 한스 데겐하르트(Hans Degenhardt)는 누가가 두 분리된 집단에 대해 두 가지 다른 요구 조건들을 제시했다는 것을 제안함으로써 이러한 모순들을 해결하려고 하였다.[25] 모든 소유물들을 포기할 것을

---

24) Luke T. Johnson, *Sharing Possessions: Mandate and Symbol of Faith*(Philadelphia: Fortress Press, 1981), p. 13.

25) Hans Degenhardt, *Lukas. Evangelist der Armen. Besitz*

요구하는 진술들은 제자들에게 말씀하셨으며, 그리하여 이것은 누가 당시의 교회 지도자들에게 의도되었다는 것이다. 다른 한편으로 "백성들"과 "무리들"에 대한 예수님의 가르침은 모든 그리스도인들에게 기대되는 엄격한 윤리 이하를 제시하고 있다는 것이다. 언뜻 보기에는 이러한 주장이 호소력이 있는 것같지만 자세히 살펴보면 이 주장은 지지를 받을 수 없다. 우선 사도행전에서 누가는 "제자들"이라는 말의 사용을 교회의 지도자들에게 제한시키지 않고 모든 그리스도인들에 대해 이 말을 사용하고 있기 때문이다(6:7).

또 다른 학자 루크 존슨(Luke Johnson)은 현대 해석자들이 소유물의 사용에 관한 규칙들을 찾고 있을 때 그들은 복음서 저자의 의도를 잘못 해석하고 있다고 생각한다.[26] 존슨은 그의 책 『누가행전에서 소유물의 문학적 기능』(*The Literary Function of Possessions in Luke-Acts*)에서 누가가 소유물이라는 말을 상징적으로 사용한다고 주장한다. 소유물은 힘의 표시이며 또한 대단한 은유적 잠재력을 가지고 있다. 소유물은 종종 개인적 또는 공동체의 신분을 나타내기도 한다. 사람들이 소유물을 어떻게 다루느냐 하는 것은 특히 다음과 같은 것들을 나타내고 있다. 즉 소유물을 획득하고, 보존하고, 포기하고, 또한 나누는 것 모두 사람들의 다양한 특징을 나타내며 그리고 그들이 이야기 속에서 하고 있는 역할을 규정짓는 반응들이다. 예를 들면 탕자의 비유(15:11-32)에서 재산을 나누는 것은 불화를 상징하고 있으며, 한편 소유물에 대한 아버지의 태도("내 것이 다 네 것이로다")는 화합(unity)에 대한 가능성을 나타내고 있다. 그러나 누가복음에서 소유물의 가장 중요한 기능은 소유물이 사람들이 예수님을

---

und Besitzverzicht in den lukanischen Schriften(Stuttgart: Katholisches Bibelwerk, 1965).

26) Luke T. Johnson, *The Literary Function of Possessions in Luke-Acts*. Society of Biblical Literature Dissertation Series 39(Missoula, MT: Scholar's Press, 1977). 또한 *Sharing Possessions*도 참조하라.

받아들이느냐 아니면 거절하느냐를 상징한다는 것이다. 예수님과 그의 사역을 받아들이는 사람들은 누가복음에서 "가난한 자"로 지칭되고 있으며, 그리고 그들이 자원해서 소유물을 포기하는 것은 그들이 받는 새로운 신분을 예증하고 있다. 뿐만 아니라 누가 이야기에서 "부자들"의 기능은 예수님을 받아들이지 않고 자신들의 소유물에 집착하는 사람들로서 예수께서 가져오시는 변화를 거부하고 있다.

비록 존슨(Johnson)은 누가에게 있어서 소유물이 또한 문자적 의미를 가지고 있다는 가능성을 배제하지는 않지만, 그는 이에 대한 설명을 다른 사람들에게 넘긴다. 이러한 도전을 화제로 삼고 있는 한 사람은 월터 필그림(Walter Pilgrim)인데, 그는 자신의 책 『가난한 자들에 대한 복음』(Good News to the Poor)에서 이러한 주제를 "영성화"시키는 일을 피하는데 조심한다.[27] 존슨은 그가 상징주의에 대한 강조를 함으로써 누가의 사회적 메시지의 날카로움을 무디게 하는 것이 아닌가를 염려한다.[28] 누가복음에서 가난한 자들은 사회적 및 경제적으로 참으로 가난한 사람들을 포함하고 있으며, 또한 그의 복음서는 부분적으로 그들에게 말하고 있는 것이다. 누가는 예수께서 그들을 옹호하시는 분이심을 보여줌으로써 하나님께서 그들 편이심을 가난한 자들과 궁핍한 자들에게 확신시키고 있는 것이다. 누가는 미래의 하나님 나라에서 대역전(great reversal)이 일어날 것이며 또한 지금 그들에게 부족한 것을 가지게 될 것이라는 약속을 통해서 그들에게 궁극적인 희망을 제공한다. 하지만 그보다 더 많은 것이 있다. 누가는 또한 가난한 자들에게 예수님에 의해 설립되는 한 공동체를 가리키고 있는데, 그 공동체 안에서 그들이 지금도 불쌍히 여김과 정의를 발견할 수 있다는 것이다. 그리하여 누가는 자신의 복음서가 예

---

27) Walter E. Pilgrim, *Good News to the Poor. Wealth and Poverty in Luke-Acts*(Minneapolis: Augsburg Publishing House, 1981).

28) Ibid., pp. 177-78, n. 5.

수님의 메시지 자체와 마찬가지로 "가난한 자들에게 복음"으로 받아들여질 것을 소망하고 있는 것이다(4:18).

필그림(Pilgrim)은 계속하여 누가복음은 또한 부자들에 대한 메시지도 포함하고 있다고 하는데, 이러한 통찰은 누가복음의 내용의 다양성을 설명하는데 도움을 준다. 하나님의 구원을 잃어버린 부자들에 대한 이야기들은(12:13-21; 16:19-31; 18:18-25) 누가 당시의 부유한 그리스도인들의 감각에 충격을 주고자 의도되었으며, 그리고 재산을 포기하는 사람들에 대한 이야기들은(5:11, 27-28; 19:1-10) 그들에게 격려하기 위해 의도되었다. 필그림(Pilgrim)은 누가가 소유물의 사용에 대해 특별한 규칙을 정하지는 않았다고 생각한다. 오히려 그는 소유물이 그리스도인의 삶에서 가지고 있어야 하는 위치의 재평가를 요구하고 있다는 것이다. 최소한 그러한 요구는 책임있는 청지기직에 대한 것인데, 그것은 구제하는 것(12:3), 부채를 면제하는 것(6:27-36), 그리고 교제를 증진하기 위해 자신의 부를 사용하는 것(14:7-24) 등을 포함한다.

부자들에 대한 누가의 메시지를 필그림(Pilgrim)이 설명하고 있는 것은 부자들을 그의 대상으로 삼은 청중들로 인식하는 최근의 학계의 경향을 따르고 있다. 위에서 언급했던 한스 데겐하르트(Hans Degenhardt)의 연구는 그 제목이 *Evangelist Der Armen*, 즉 "가난한 자들의 복음 전도자"(*Evangelist of the Poor*)인데, 그러나 루이제 쇼트로프(Luise Schottroff)와 볼프강 슈테게만(Wolfgang Stegemann)은 누가를 "부자들의 복음 전도자"(the evangelist of the rich)로 부르는 것이 더 좋을 것이라고 제안한다.[29] 가난하고 재산을 빼앗긴 농부들이 예수 운동을 형성했던 시대는 누가에게 있어서 하나의 회상에 불과하지만, 그러나 그는 자기 자신의 유복한 공동체에 대한 비판으로 계속 살려두고 싶은 회상이다. 데이비드 세컴브(David Seccombe)는 누가가 또한 기독교 공동체 밖의 사람들을 염

---

29) Schottroff and Stegemann, p. 91.

두에 두고 있었을 것이라고 제안하는데, 이들은 기독교에 관심을 가지고 있으나 회심으로 말미암아 사회적 및 경제적 지위를 잃어버릴까 봐 두려워하고 있는 사람들이라는 것이다.[30] 그러나 월터 필그림(Walter Pilgrim)의 생각은 누가가 또한 가난한 자들에게도 말하고 있다는 것이다. 필그림이 생각하기로 최우선적인 관심사는 부자와 가난한 자들이 함께 예수님의 말씀을 듣고 적절하게 응답할 수 있는 공동체를 육성하는 것이다.[31]

그러면 그 응답은 무엇인가? 누가가 자발적인 가난, 금욕주의, 공산주의, 또는 단순한 관대함 등을 옹호하고 있는가? 소유물의 사용에 대한 누가의 관심이 바로 그것이라는 의견 일치가 있는 것같다. 즉 하나의 관심이다. 그는 어떤 구체적인 해결책을 가지고 있는 것이 아니다. 하지만 그는 땅에 있는 보물과 하늘에 있는 보물이 양립할 수 없음을 분명히 확신하고 있으며(12:33), 그리하여 그는 모든 그리스도인들이 마땅히 행해야 하는 것을 숙고하기를 원하고 있다. 예수님의 제자들(5:11, 28), 삭개오(19:1-10), 그리고 예루살렘 교회(행 2:44-45; 4:32)는 몇몇 사람들이 행했던 모범들을 제공하고 있으나, 이들 중 어느 것도 모든 사람들이 행해야 할 전형을 제시하는 것은 아니다. 다른 사람들은 아무런 일도 행하지 않은 사람들에게 일어날 수 있는 재난을 예증하고 있다(12:13-21; 16:19-31; 18:18-25). 요컨대 누가는 자신의 교회에 하나의 문제와 도전을 제시하고 있으나 그 해결책에 대해 구체적으로 실천해야 할 의무들을 제공하지는 않는다.

---

30) David Seccombe, *Possessions and the Poor in Luke-Acts*. SNTU(Linz, 1982).

31) 이 점에 대하여는 아울러 Robert Karris, "Poor and Rich: The Lukan Sitz im Leben," in *Perspective on Luke-Acts*, ed. by Charles Talbert(Danville, CA: Association of Baptist Professors of Religion, 1978)을 참조하라.

결론

 정치적 및 사회적 문제들에 대한 누가의 진술이 무슨 이유로 그렇게 많은 관심을 끌고 있는가를 아는 것은 쉬운 일이다. 본 장에서 토론했던 주제들은 오늘날에도 여전히 광범위하게 논의되고 있으며 또한 누가의 메시지의 적절성은 때때로 엄청난 것으로 보인다.
 이 문제는 누가가 이러한 문제들에 대한 예수님의 태도를 유지하고 있는가에 관한 것을 필연적으로 야기시킨다. 비록 트로끄메(Trocmé)와 요더(Yoder)같은 몇몇 학자들이 이러한 내용을 예수 자신의 정치적 견해에 대한 하나의 지침으로 사용하고 있지만, 대부분의 학자들은 이 문제가 예수님과 누가의 매우 다른 사회적 상황 사이를 구별하는 데에 필수적인 것으로 생각하고 있다. 콘첼만은 복음서 저자가 당시의 교회/국가 관계를 위하여 예수의 선교의 정치적 측면들을 누그러뜨리려고 애쓴 사람으로 생각한다. 테틀로우(Tetlow)와 휘오렌자(Fiorenza)는 누가가 또한 최초의 예수 운동에서 여성들에게 부여된 적극적인 역할을 억누르고 있다고 생각한다. 다른 사람들은 누가가 예수의 메시지의 본질을 새로운 상황에서 보존하려고 애쓰는 사람으로 여기고 있다. 즉 원래는 가난한 자들과 경멸당하는 자들에게 말해진 메시지가 이제는 부자들과 신분이 높은 자들을 위해 해석되어야 한다는 것이다. 따라서 누가가 예수의 메시지의 근본적인 초점을 보존하고 있는가 아니면 그것을 왜곡하고 있는가에 대해서는 견해들이 다양하지만, 그러나 누가가 예수의 메시지를 새롭고 보다 광범위한 상황에 적합하게끔 해석하려고 했다는 것은 견해가 일치하고 있다.
 문제는 또한 사회적 문제들에 대한 누가의 생각이 어느 정도 문자적으로 받아들여져야 하는가에 관해서 발생한다. 슬로우언(Sloan)은 희년 선포를 일종의 종말론적 언급으로 간주하고 있으며 그리고 존슨(Johnson)은 소유물에 대한 모든 말씀이 은유적인 가치를 지니고 있다고 주장한다. 대부분의 학자들은 누가가 구체적인 정치적 프로그램

보다는 당면 문제들과 원칙들에 대해 보다 많은 관심을 가지고 있었던 것으로 볼 수 있다고 생각한다. 예를 들면 그는 다른 것들을 배제하고서 어떤 특별한 사회적 또는 경제적 체제를 승인하는 것같지 않다. 이러한 광범위한 초점이 한편으로는 누가복음의 주석학자들 사이에 혼동과 불일치를 가져다주긴 하지만, 그러나 그의 메시지를 오늘날에도 관련된 것으로 지키는 바로 그러한 요인이 될 수도 있다.

제 6 장
누가복음에서의 영적 및 목회적 관심사들

본서 1장에서 누가를 이해하기 위한 세 가지 모델이 제시되었다. 즉 역사가 누가, 신학자 누가, 그리고 문학적 예술가 누가이다. 이제 또 하나의 모델을 제시할 때이다. 누가가 어떻게 불려지든 간에, 그는 또한 분명히 "목회자"(pastor)이다. 그의 두 저작 전체를 통하여 누가는 그리스도인들의 영적인 부요함에 대한 관심을 분명히 나타내고 있다. 그는 그리스도인들에게 그들이 경험해야 한다고 생각하는 삶의 질로 인도하기를 원하고 있다. 그는 섬세한 방식으로, 또는 때때로 그렇게 섬세한 방식은 아니지만 충고와 격려, 그리고 옹호와 교정을 하고 있다.

이 장은 누가의 저작들에서 나타나고 있는 몇 가지 "목회적인 관심사들"을 살펴볼 것이며 아울러 몇몇 학자들이 누가복음에서 이러한 관심사들에 대한 언급을 어떻게 진술하고 있는가를 주목하려고 한다. 대체로 이러한 관심사들은 누가 연구에 있어서 가장 많은 관심을 끌고 있는 문제들은 아니다. 그리고 때로는 거의 논의가 되고 있지 않은 내용이기도 하다. 요구되고 있는 모든 것은 기지(既知)의 주제가 존재한다는 것을 알고 있는 것이다. 그럼에도 불구하고 이러한 관심사들을 살펴보는 일은 노력할 만한 가치가 있다. 누가에게 이러한 측면이 있다는 것을 무시하는 어떤 견해도 비참할 정도로 불완전하게 될 것이다.

제자도

찰스 탈버트(Charles Talbert)는 페르난도 세고비아(Fernando Segovia)의 책 『신약성경의 제자도』(Discipleship in the New Testament)에서 누가의 제자도의 개념에 관하여 한 중요한 연구 논문을 기고하였다.[1] 그는 사도행전에서 묘사되고 있는 부활절 이후 그리스도인들의 상황이 또한 누가복음에서 미리 예시되고 있어서, 우리가 복음서 저자의 메시지를 가장 잘 이해할 수 있는 방법은 이 두 문헌을 함께 살펴보는 것임을 주목하고 있다.

무엇보다도 제자도는 예수님에 대한 전승에 의해 형성된 것으로 이루어져 있다. 탈버트(Talbert)는 누가행전의 장르 자체가 이를 입증하고 있다고 생각한다. 그는 두 권으로 되어 있는 이 저작이 어떤 헬라의 전기들과 유사하다는 것을 발견하였는데, 왜냐하면 이 헬라의 전기들은 한 특별한 철학자의 생애와 가치관뿐만 아니라 또한 그의 추종자들에 의해 그 철학자의 것들을 흉내 내는 것을 강조하고 있기 때문이다. 누가는 그의 두 권의 책을 병행적인 문학적 양식에 따라 구성함으로써 후자의 요소를 한층 더 강조하고 있다. 현저하게 대응하는 것들은 누가복음에서 예수께서 말씀하시고 행동하신 것과 그리고 사도행전에서 제자들이 말하고 행동하는 것 사이에서 찾아볼 수 있다. 그리하여 누가는 부활절 이후를 살아가는 그리스도인들이 지상적 예수를 자신들의 모형으로 어떻게 받아들여야 하는 지를 생생하게 보여주려고 하는 것이다. 누가는 "제자가 그 선생보다 높지 못하나 무릇 온전케 된 자는 그 선생과 같으리라"(6:40)는 예수님의 말씀을

---

1) Talbert, "Discipleship in Luke-Acts."

기록하고 있다. 누가에게 있어서 제자도는 예수에 관한 전승에 기록되어 있는 예수님의 모범을 따르는 것으로 대개 구성되어 있다.

그러나 그리스도인이 되는 것은 단순히 자신의 삶을 예수님의 모범을 따라 모방해 나가는 것 이상이다. 누가의 관점에서 볼 때 제자들은 예수님의 부르심을 경험함으로써 예수님을 따를 수 있게 된 사람들이었다(5:1-11, 27-28; cf. 행 9:1-13). 뿐만 아니라 제자들은 고독한 개인들이 아닌 공동체에 참여한 자들이었다. 그리스도인의 삶에 있어서 이러한 차원은 사도행전 전체에 걸쳐 강조되고 있으며, 또한 이것은 예수의 제자들의 공동체적인 삶을 통해서 누가복음에 미리 예시되어 있기도 하다(8:1-3; 9:1-6; 10:1-24; 22:28-30).

탈버트(Talbert)는 더 나아가서 제자도에 대한 누가의 개념이 그리스도인들이 살아가는 방식뿐만 아니라 그들이 이루어야 하는 사역에도 적용된다는 것을 강조하고 있다. 물론 이러한 사역은 또한 예수님에 관한 전승에 의해 그 형태를 이루어야 하는 사역에도 적용된다는 것을 강조하고 있다. 물론 이러한 사역은 또한 예수님에 관한 전승에 의해 그 형태를 이루고 있다. 왜냐하면 그러한 전승의 핵심적인 부분은 예수께서 그의 제자들이 증인이 되도록 위임하셨기 때문이다(5:1-11; 24:46-49). 아울러 누가는 예수께서 제자들을 선교사들로 파송하는 두 개의 기사를 기록하고 있다(9:1-6; 10:1-24). 이 기사들은 특히 시사적이다. 왜냐하면 이들은 제자들이 이루어야 할 사역을 위해 예수님으로부터 권능을 부여받았으며(9:1) 또한 제자들은 이 사역을 다른 사람들과 협력하여 수행해야 한다는 것을(10:1) 강조하기 때문이다. 그러므로 사역에 대한 누가의 개념은 그리스도인의 삶의 방식에 대한 그의 개념과 밀접하게 일치한다. 두 경우 모두 제자도는 하나의 전승에 의해 형성되고, 하나의 경험에 의해 권능을 부여받고, 또한 공동체에 참여하는 자가 되는 것으로 이루어져 있다.

탈버트(Talbert)는 누가가 제자도에 대해 균형잡힌, 전체적인 견해를 가지고 있다고 결론을 내린다. 제자도는 예수의 모범을 모방하는 것과 또한 그의 능력의 계속적인 경험으로 말미암아 가능하게 되는 것으로 이루어져 있다. 제자도는 기독교 전승에 근거해 있고 또한 기독교 공동체에 기초를 두고 있지만, 아울러 제자도는 세상에 대한 선교로 살아가는 것이다. 제자도에 대한 누가의 견해를 독특하게 유지시키는 것은 오직 이 모든 요소들을 결합시킴으로써 이다.

구원의 말씀

킹스베리(Kingsbury)는 그의 책 『마태, 마가, 누가의 예수 그리스도』(Jesus Christ in Matthew, Mark, and Luke)에서 초대 기독교의 네 가지 증거 즉 세 공관복음서와 Q 사이에 몇 가지 흥미있는 비교를 하고 있다.[2] 킹스베리는 말하기를, 마가복음은 구원을 십자가상의 예수의 죽음에 두는 반면, Q 자료는 구원을 파루시아(parousia)에 두고 있다는 것이다. 마태복음에서 구원의 위치는 승리하신 하나님의 아들이 그의 백성들과 함께 있는 교회에서 발견된다. 그러면 누가복음에서는 어떠한가? 킹스베리는 누가복음에서 구원은 예수님에 대한 말씀, 즉 교회에 의해 선포되는 말씀 속에서 발견되는 것으로 결론을 내린다.

예를 들면 이것은 사도행전에서 나타난다. 수많은 사건에서 예수님에 대한 말씀이 선포되고 있으며 또한 이 말씀을 믿는 사람들은 회개하고 세례를 받았다. 이렇게 함으로써 그들은 교회의 일원이 되었으며, 아울러 그들은 죄 사함과 성령의 은사를 받았던 것이다. 간단히 말해서 그들은 구원을 받았던 것이다. 사도행전에서 이 말씀이 선포될 때 어떤 것들이 말해졌는가를 보다 자세히 살펴보면 이 설교들은 본질적으로 복음서의 축소판을 다시 말하고 있음이 드러난다.[3] 누가는 십자가나 혹은 파루시아에 초점을 맞출 뿐만 아니라, 예수님의 전

---

2) 1장 주 10을 참조하라.

3) 행 2:14-39; 3:12-26; 4:9-12; 5:30-32; 10:34-43; 13:12-26; 4:9-12; 5:30-32; 10:34-43; 13:16-38을 참조하라.

생애를 그의 선포의 대상으로 하고 있다. 즉 구원의 말씀을 구성하는 것은 예수의 탄생, 사역, 고난, 죽음, 부활, 승천, 그리고 파루시아의 전승 이 모두를 함께 고려하는 것이다.

누가는 예수님에 대한 전승을 사람들로 구원에 이르게 하는 말씀으로 여기고 있기 때문에, 그가 특별히 그러한 전승의 신빙성(reliabiity)에 관심을 가지는 것은 놀라운 일이 아니다. 이 주제에 대한 슈일러 브라운(Schuyler Brown)의 책 『누가의 신학에서 배교와 인내』(*Apostasy and Perseverance in the Theology of Luke*)는 이미 본서 3장에서 논의하였다. 브라운의 논지는 교회가 직면한 환난들과 박해들에 관한 누가의 주요 관심은 그 전승이 시종 신실하게 보존되는 것을 확립하기 위해서라는 것이다. 누가는 자신의 복음서가 목격자들과(1:20) 그리고 "많은 증거들"을 본 사람들의(행 1:3) 증거에 근거하고 있음을 그의 독자들에게 확신시킨다. 누가는 제자들이 예수를 버린다는(막 14:27, 50) 어떤 언급도 생략하는데, 이것은 제자들에 의해 보존된 전승의 진실성을 비방할 수 있기 때문이다. 그는 베드로의 부인도 믿음의 실패를 구성하지 않는다는 방식으로 해석한다(22:31-34). 그리하여 누가는 그의 독자들에게 구원에 대한 그들의 소망이 근거해 있는 전승의 신빙성에 관하여 확신을 주고자 하는 것이다(1:4).

문제는 누가가 이런 일을 하는 데 있어서 어느 정도까지 나아가느냐 하는 것이다. 가령 에른스트 캐제만(Ernst Käsemann)과 같은 몇몇 학자들은 누가가 너무 멀리 나아가고 있다고 생각한다.[4] 캐제만이 추론하기로는, 누가에게 있어서 구원은 전승 그 자체의 말씀과 마찬가지로 전승의 전달자들에게도 달려 있다는 것이다. 캐제만은 누가를 "초기 카톨릭주의"(early Catholicism)를 대표하는 사람으로 생각하

---

4) **Käsemann**, "Problem of Historical Jesus;" "Ministry and Community;" "Disciples of John the Baptist;" "Paul and Early Catholicism;" *Jesus Means Freedom*, pp. 116-29.

고 있는데, 이는 복음서라는 구원의 말씀의 선포가 공식적으로 인정된 교리의 보존에 대한 관심에 자리를 양보했기 때문이다. 전승에 대한 누가의 관심은 사람들이 교회를 구원을 베푸는 권위있는 기관으로 동일시함으로써 권위의 정당한 계승을 확립하기 위한 것이다. 캐제만은 전승에 대한 이러한 관심이 믿을 만한 복음서를 저버리는 것임을 나타내며 또한 이것은 믿음으로 의롭다함을 받는다는 바울의 관점에서 볼 때 비판을 정당화하는 것을 암시한다고 생각하고 있다.

많은 학자들은 캐제만이 누가의 관심사를 과장하고 있다고 생각한다. 예를 들면 에두아르트 슈바이쳐(Eduard Schweizer)는 『신약에서의 교회 질서』(Church Order in the New Testament)라는 그의 연구에서 누가행전에서 사도적 계승에 대한 어떤 증거도 없음을 발견하고 있다.[5] 오히려 누가는 사도들을 요한의 세례로부터 예수께서 승천하신 날까지 함께 있었던 증인들로 규정하고 있으며(행 1:21-22), 따라서 사도들은 계승자들을 가질 수가 없는 것이다. 유다가 죽은 후에 다른 사람으로 대치되었지만(행 1:15-26), 그러나 열 둘을 대치하는 관습은 다른 사도들이 죽음을 당했을 때에도 계속된 것이 아니다(행 12:1-2). 사실 사도들은 사도행전에서 곧 무대 뒤로 사라졌으며 그 후 독특하거나 특유의 어떤 계급 제도가 없었다. 예수님의 형제 야고보는 분명히 지도적인 역할을 하고 있었으나, 누가는 그 일이 어떻게 이루어졌는지에 대해 우리들에게 결코 말하지 않는다. 물론 바울은 주님에 의해 독립적으로 선택을 받았다(행 9:1-19). 전달자라는 특별한 직무의 언급은 "거의 우연한" 것이다. 즉 누가가 장로들과 선지자들과 감독들을 알고 있긴 하지만, 이러한 위치들의 규정된 기능들이나 계급적 지위들을 결코 나타내지 않는다. 슈바이쳐

---

5) Eduard Schweizer, *Church Order in the New Testament* (London: SCM Press, 1961), pp. 63-76. 아울러 **Kümmel**, "Theological Accusations;" Elliot; Marshall, "Early Catholicism"도 참조하라.

(Schweizer)는 대체로 누가가 교회 정치에 대한 형태를 확립하는 일보다는 교회 안에서 하나님의 행하시는 일의 새로움에 보다 많은 관심을 가지고 있다고 결론을 내린다.

결론적으로 사도행전에 근거하여 확증할 수 있는 것은 누가가 교회를 세상에 하나님의 구원을 가져다주는 대리자로 생각하고 있다는 것이다. 교회는 이 일을 교회가 근거하고 있는 전승인 예수에 대한 전승을 선포함으로써 수행한다. 누가는 교회에 "초보적인 지식의 요소들"을 소개하는데 확실한 관심이 있음을 나타낸다. 이것은 아볼로(18:24-28)와 세례 요한의 제자들(행 19:1-7)에 대한 그의 언급에서 분명히 나타난다. 그러나 전반적인 인상은 획일성(uniformity)보다는 통일성(unity)에 보다 많은 관심이 있다는 것이다. 누가는 그의 독자들에게 교회가 선포하는 전승이 믿을 만한 것임을 확신시키려고 하지만, 아울러 그는 놀랍고도 예측할 수 없는 방식으로 역사하시는 성령을 고려하는데 있어서도 관대하다.

성령

성령의 역할이 누가에게 있어서 매우 중요한 주제라는 것은 아무도 의심하지 않는다. 물론 이것은 사도행전의 주요 특징이며, 그리고 누가복음에서도 성령은 마태복음과 마가복음을 합친 것보다 더 많은 주목을 받고 있다.

많은 학자들은 누가가 예수의 생애에서 성령의 관련성을 강조하고 있는데 이는 그가 성령을 그리스도인의 경험에 모범적인 것으로 여기고 있기 때문이라고 생각한다. 예를 들면 램프(G. W. H. Lampe)는 예수님의 세례시 예수에게 임한 성령강림(3:22)과 오순절에 제자들의 성령세례 사이에 있는 의도적인 대칭관계를 추적하고 있다.[6] 예수께서 세례를 받으신 직후에 예수님은 나사렛에서 프로그램적인 선

---

6) G. W. H. Lampe, "The Holy Spirit in the Writings of St.

언을 하시면서 "주의 성령이 내게 임하셨으니 이는 가난한 자에게 복음을 전하게 하시려고 내게 기름을 부으시고…"라고 선포하신다 (4:18). 사도행전에서 성령으로 충만함을 받은 제자들은 복음을 선포하는 이러한 사역을 계속한다. 램프(Lampe)의 생각으로는 예수님에게 역사하셨던 동일한 성령이 그의 제자들에게도 부여되어 그들이 지상에서 예수의 사역을 계속 수행하고 있다는 것이다.[7] 예수님과 그 다음 그의 제자들의 모든 경우에 있어서 능력을 주시는 것은 성령의 역할이다. 이것은 기적들을 행하는 능력과 말씀을 선포하는 능력이다.

제임스 던(James Dunn)은 누가가 요단강에서 예수의 경험을 다른 방식에 있어서도 그리스도인들을 위한 원형으로 묘사하고 있다고 생각한다.[8] 요단강에서 예수의 경험은 사역을 위한 능력 부여일 뿐만 아니라 또한 새 시대로의 진입을 나타내고 있다. 즉 이 사건은 나중에 "그리스도인의 삶"으로 알려지게 될 것이 예수님에게서 시작되고 있음을 나타내고 있다는 것이다. 이러한 삶은 하나님과의 새로운 관계와 또한 하나님의 왕국에 참여하는 것으로 특징지어 진다. 던(Dunn)에 의하면, 누가는 성령에 의한 그의 잉태를 포함한(1:35)

Luke," in *Studies in the Gospels*, ed. by D. E. Nineham, pp. 159-200; *Good As Spirit: The Bampton Lectures, 1976*(Oxford: Clarendon, 1977).

7) 제자들이 예수의 사역을 계속하고 있다는 것에 대해서는 Robert F. O'Toole, "Parallels between Jesus and His Disciples in Luke-Acts: A Further Study." *BZ* 27(1983): 195-212를 참조하라. Robert O'Toole은 위에서 언급한 *The Unity of Luke's Theology*에서 이 주제에 대해 한 장을 할애하였다. 이 책은 유 철에 의해 『누가 신학의 통일성』이라는 제목으로 카톨릭 출판사에서 1991년에 번역 출간되었다-역자주.

8) James D. G. Dunn, *Baptism in the Holy Spirit: A Re-examination of the New Testament Teaching on the Gift of the Spirit in Relation to Pentecostalism Today*(London: SCM, 1970); *Jesus and the Spirit*(London: SCM, 1975).

예수의 초자연적인 탄생이 오로지 이스라엘의 시대에 속한다는 말로 묘사하고 있다는 것이다. "아들됨"(sonship)이라는 새 언약을 여는 것은 바로 예수께서 세례를 받으실 때의 성령의 체험이다. 이러한 관점에서 누가는 예수를 부활 이전에도 "부활의 삶"을 사시는 분으로, 원형적인(archetypal) 그리스도인으로 제시하고 있다. 따라서 누가에게 있어서 성령의 은사는 "그리스도인 생활의 기반"의 은사이다. 누가복음에서도 그는 이러한 삶을 성령을 받음으로써 시작되어 유지되는 그 무엇으로 묘사하고 있다.

그리하여 램프(Lampe)와 던(Dunn)은 누가가 예수님과 성령과의 관계를 후대 그리스도인들의 경험의 전형으로 묘사하고 있다는 것에 대해서는 견해를 같이 하는 것같다. 그러나 이러한 생각은 막스 터너(Max B. Turner)에 의해 비판을 받고 있는데, 막스는 그러한 연구가 예수님을 "다른 사람들이 그리스도인이 되기 이전 시대의 첫번째 그리스도인"으로 제시하는 것이라고 말한다.[9] 오히려 터너(Turner)는 예수 안에서 성령의 사역의 독특한 측면들을 강조하는 것이 누가의 의도라고 말한다. 나사렛에서의 연설(4:16-21)은 예수께서 일반적인 복음의 설교를 위해서가 아니라 특별한 메시야적 자유의 선포를 위해 능력을 받았음을 암시하고 있다. 예수를 통한 성령의 역사는 예수님을 구원의 새 시대를 여는 종말론적인 선지자로 특징짓는 것이며, 그리고 이 점에 관해서는 예수님은 분명히 전형적인(paradigmatic) 분이 아니다. 어떤 제자도 그러한 역할을 수행하도록 결코 부르심을 받지 않았으며 그리고 누가는 그런 일을 할 어떤 인물의 필요성이나 가능성이 있을 것임을 결코 시사하지 않는다. 복음서에서

---

9) M. Max B. Turner, "Jesus and the Spirit in Lukan Perspective." *TB* 32(1981): 3-42. 이 특별한 인용은 사실상 Hans von Baer의 저작을 가리킨다. 아울러 "The Significance of Receiving the Spirit in Luke-Acts: A Surveyof Modern Scholarship." *TJ* 2(1981): 131-58도 참조하라.

예수님의 사역과 사도행전에서 제자들의 사역 사이에 병행하는 내용들은 교회가 예수의 기름부음 받았음을 계승하였다는 것을 나타내는 것이 아니라, 예수께서 새로운 방식으로 그의 구속활동을 계속하시는 것을 나타낸다. 승천하신 예수님은 사도행전에서 성령을 주시는 분이시며, 그리고 예수에게 임한 "주의 성령"(Spirit of the Lord)이 이제는 교회의 사역을 인도하는 "예수의 영"(Spirit of Jesus)이 된 것이다(행 16:7).

누가복음에서 예수의 성령의 경험이 전형적인 것인지 (paradigmatic) 아니면 독특한 것인지(unigue)에 대한 이러한 토론은 본서 4장에서 누가의 구원사 개념에 대한 논의와 몇 가지 유사한 내용들을 가지고 있다. 이 문제에 대해 방금 언급한 어느 학자도 글을 쓰기 훨씬 전에 그리고 한스 콘첼만(Hans Conzelmann) 이전에도, 한스 폰 베어(Hans von Baer)라는 이름을 가진 한 학자가 이 문제와 관련한 몇 가지 흥미있는 관찰을 하였다.[10] 베어(Baer)는 누가복음에서 성령이 예수의 제자들 위에 임하거나 혹은 그들을 통해 일하시지 않는다고 말하였다. 예수께서 그의 제자들에게 능력을 주셨다고 말할 때에도(9:1), 성령이 언급되지 않는다. 다른 한편으로 누가는 성령의 활동을 엘리사벳(1:41), 스가랴(1:67), 시므온(2:27), 그리고 세례 요한(1:15)과 같은 개인들과 연관시키는 일에 주저하고 있음을 보여주지 않는다. 왜냐하면 누가에게 있어서 이런 사람들은 본질적으로 "구약적 인물"이기 때문이다. 그리하여 누가는 예수의 시대를 한편으로는 성령께서 이따금 선택받은 선지자들을 감화시킨 구약 시대와 또 다른 한편으로 성령이 교회에 부어진 기독교 시대와 구별한다. 비록 후자는 아버지께서 구하는 모든 자에게 성령을 주실 (11:13; cf. 마 7:11) 미래에 대해 많은 말을 하고 있지만, 중간 시대 동안에 성령은 오직 예수를 통해서만 역사하신다. 성령은 박해받

---

10) Hans von Baer, *Der heilige Geist in den Lukasschriften* (Stuttgardt: Kohlhammer, 1926).

는 그리스도인들을 보호하실 것이며 또한 그들이 저희 원수들에게 어떻게 증거해야 할 것인지를 보여주실 것이다(12:12). 다른 한편으로 성령을 모독하는 자는 누구든지 사하심을 받지 못할 것이다(12:10). 성령에 대한 예수님의 언급들은 모두 후대의 시대, 즉 예수의 부활과 승천 이후의 시대에 적용된다.

베어(Baer)의 연구는 누가가 예수를 통한 성령의 사역의 독특성을 강조하려고 했다는 터너(Turner)의 논지를 입증하는 것같다. 그러나 실제로 베어는 성령을 하나님의 계획이 각 시대에 실행되도록 하는 능력으로 말하는 데까지 나아가며, 그리고 이러한 의미에서 그는 예수님의 성령 경험을 제자들의 경험과 병행하는 것으로 간주하고 있다. 그리하여 비록 베어 자신이 어떤 모순을 모르고 있는 것처럼 보인다 해도, 이 고전적 연구는 현대적 견해들의 어느 한 편을 옹호하는데 인용되기도 한다. 오늘날 많은 학자들은 누가의 저작 자체 내에 있는 상당한 분량의 긴장을 허용하는 것으로 만족하고 있다. 복음서 저자의 목회적 관심사들이 그로 하여금 한 특별한 전승에서 제자도에 대한 잠재적인 교훈들을 살펴보도록 하였으며 또한 비록 그러한 목회적 관심사들이 그의 지배적인 신학적 구도와 완전히 일치하지 않는다 해도 이러한 관심사들을 강조하도록 한다는 것은 상상할 수 없는 일은 아니다. 다시 말해서 누가는 비록 기독론적인 관점에서 예수의 성령 부여가 독특하다 해도 그리스도인들이 오늘날 모방해야 하는 것은 성령의 인도함을 받는 예수님의 사역의 측면들이라고 생각한다는 것이다. 누가는 하나의 목회자로서 성령의 충만함을 받는 삶이 수반하는 가능성들과 책임들에 관심을 기울이고 있는 것보다 성령의 교리를 전개하는데 보다 적은 관심을 기울이고 있다.

기독교 공동체

이 장에서 이미 말했던 내용에 기초하여 확증할 수 있는 것은 누가가 기독교 공동체의 기초가 예수님에 대한 전승을 따르는 것으로 이해하고 있다는 것이다. 게다가 그는 그러한 공동체의 근원과 유지를 성령의 능력을 부여하는 힘으로 돌리고 있다. 그러나 기독교 공동체는 어떠해야 하는가? 우리는 특별한 언급을 할 만한 몇 가지 측면들을 살펴보고자 한다. 즉 교제(fellowship), 예배(worship) 및 기도(prayer), 가르침(teaching), 선교(mission)이다.

1. 교제(Fellowship)

사도행전에서 누가는 "믿는 사람이 다 함께 있어 모든 물건을 서로 통용하였다"(2:44)고 말하며 또한 초대 그리스도인들이 "한 마음과 한 뜻"(4:32)을 가진 사람들로 묘사하고 있다. 특히 바울서신들이 제공하는 보다 덜 조화로운 모습들과 비교해볼 때 누가의 묘사는 어느 정도 이상적이라고 종종 말해지기도 한다. 누가는 교회가 여러 문제들을 가지고 있음을 알고 있다. 그러나 누가에 의하면 그리스도인들은 자신들의 불화를 해결하는 방법을 찾아내었다(행 6:1-7; 15:1-35). 대체로 사도행전에서의 인상은 교회가 "하나의 크고, 행복한 가족"이다(그러나 행 15:36-40을 참조하라).

이러한 그리스도인의 교제의 모습이 누가복음에 예시되어 있는가? 위에서 언급했듯이 찰스 탈버트(Charles Talbert)는 예수의 제자들의 집단적인 생활에 대한 누가의 묘사를 통해서 예시되어 있다고 생각한다. 다른 학자들은 누가복음 전체를 관통하는 또 하나의 주제가 이 개념과 관련이 있는데, 말하자면 식사, 잔치, 그리고 식탁교제에 대해 상당한 분량의 관심을 기울이고 있다는 점이다.

누가복음에서 예수님은 "항상 음식을 잡수시고 계신다"고 종종(때로는 유머스럽게) 언급되기도 한다. 로버트 캐리스(Robert Karris)는 예수께서 항상 식사하시고 오는 것같은 인상을 받는다고 하였다.[11] 잔치와 음식은 또한 예수의 비유들과 가르침에서 두드러진 특징을 지니고 있다. 누가는 모두 합해서 그러한 식사를 19회 언급하고

---

11) Karris, *Luke: Artist and Theologian*, pp. 47-48.

있는데 이러한 언급들 중에서 13회는 누가복음에만 나오는 것들이다. 뿐만 아니라 우리가 이러한 음식 주제에 주의를 기울이면, 누가는 예수님의 대적자들이 예수님을 "먹기를 탐하고 포도주를 즐기는" 사람으로 부르고 있으며(7:34) 또한 예수님이 세리 및 죄인들과 함께 식사를 하시는 것 때문에 비난하고 있음을(5:30; 15:1-2) 보도하고 있다. 캐리스(Karris)는 말하기를 예수님의 대적자들이 생각하기에는 예수가 너무 많이 먹으며 그리고 나쁜 사람들과 어울려 먹는다는 것이다.

캐리스는 계속 말하기를 만일 현대의 독자들이 신약의 사고 세계에서의 식사 즉 "음식은 곧 생명이며 그리고 음식을 나누는 것은 생명을 나누는 것이다"는 것을 깨닫지 못한다면 이러한 주제를 이해하는데 어려움이 있다고 하였다. 따라서 예수께서 식사에 참여하심은 생명에 대해 "행동으로 보여주신 비유들"이 되고 있으며 그리고 함께 식사하시는 것에 대한 그의 가르침들은 실제로 사람들이 어떻게 함께 살아야 하는가와 관계가 있다.

제롬 네이레이(Jerome Neyrey)는 이 주제를 좀더 명백하게 규명하는데 도움을 주는 누가복음의 식사에 대한 독특한 특징들을 주목하고 있다.[12] 첫째, 누가복음에서 식사는 포괄적인 사건들이다. 이 식사는 예수께서 세리들 및 죄인들과 함께 식사하시는 것을 강조할 뿐만 아니라, 또한 유대인들이 이방인들과 함께 식사하는 것에 대한 언급들(4:25-26; cf. 10:7-8) 그리고 의식적으로 정결한 사람들이 부정하다고 간주되는 사람들과 함께 식사하는 것(14:12-13)도 강조하고 있다. 아울러 식사는 선택, 죄용서, 그리고 종말론적 축복을 상징하는 역할도 한다. 몇몇 경우에서 식사는 회심(19:5-7)과 화해(24:30-35)에 대한 실제적인 원인을 제공하기도 하며, 또 다른 경우에는 식사가 부지런한 섬김에 대한 하나의 대가로 약속되기도 한다(12:35-37). 다른 한편으로 식사는 또한 역전(reversal)의 역할을 하는 원인이 되

---

12) Neyrey, *The Passion According to Luke*, pp. 8-11.

기도 하는데, 즉 낮추는 자는 높아지고 높이는 자는 낮아진다(14:7-11). 따라서 예수님은 겉으로 보기에 식사 예절의 문제처럼 보이는 것에 대해 누가복음에서 세밀한 가르침을 주신다. 사람들은 정당한 초청을 피하지 않도록 조심해야 한다(14:15-24). 그러나 그들은 사심없이 다른 사람들을 초청해야 한다(14:12-14). 사람들은 영예의 자리보다는 가장 낮은 자리에 기꺼이 앉으려고 해야 한다(14:7-11). 사람들은 적절한 환대를 보여주어야 하며(7:44-46) 그리고 지도자들이라 해도 다른 사람들을 섬겨야 한다(22:26-27).

또 한 사람의 학자 존 네이본(John Navone)은 누가복음에서의 잔치가 종종 치유(healing)와 관련을 가지고 있으며 또한 계시적인 성격을 가지고 있다는 것을 주목하고 있다.[13] 세상의 잔치와 하늘의 잔치를 비교해 보면 이 주제는 때때로 부정적으로 사용되기도 한다. 예수님은 세상이 제공할 수 있는 최상의 것으로 잔치를 즐기는 부자에 대해서 말씀하시며(16:19-31) 또한 "이제 배부른" 자들에게 단지 주림이 있을 것임을 약속하신다(6:25).

누가가 그 당시 그리스도인들의 교제에 관한 것을 강조하기 위해 이와 같이 반복되어 나타나는 식탁교제라는 주제를 사용하고 있다는 것은 알기 쉬운 일이다. 사도행전이 나타내는 것처럼 식사는 초대교회의 그리스도인 교제, 특히 성만찬적인 "떡을 떼는 것"(행 2:46)에 대한 주요한 문맥이다. 그리하여 누가복음에서 식사에 대한 누가의 묘사는 그러한 교제의 성격에 대한 누가 자신의 목회적인 관심을 나타낼 수도 있다. 즉 누가는 교제가 사회의 모든 구성 요소들을 포함하는 것이어야 하며 또한 자발적인 나눔, 섬김, 그리고 겸손으로 특징지워져야 한다고 생각하고 있다. 치유와 계시가 여기에서 나타나야 하지만 일반적으로 세상과의 관련성을 나타내는 배타적인 태도와 자기중심적인 태도는 나타나지 않는다. 마지막으로 그리스도인의 교제

---

13) John Navone, *Themes of St. Luke*(Rome: Gregorian University Press, 1970), pp. 11-37.

에 대한 하나의 은유로써 바로 이러한 잔치를 선택하는 것은 누가가 잔치를 기쁨과 축하의 행사로 여기고 있음을 나타낸다. 그리스도인의 교제는 다가올 종말론적 왕국에 대한 미리 맛봄을 제공한다.

2. 예배와 기도

예수님의 제자들이 예수님에게 기도를 가르쳐 달라고 요청하는 것은 오직 누가복음에만 있다(11:1). 예수님은 이 일을 그들에게 기도의 모델을 가르치는 것뿐만 아니라(11:2-4), 그 자신의 모범과 가르침과 누가복음 전체를 통하여 제공된 권면을 통해서 수행하신다. 누가복음은 어느 다른 복음서보다 훨씬 더 자주 기도하시는 예수님의 모습을 보여주고 있다. 즉 마가복음에 5회, 마태복음에 3회, 그리고 요한복음에 2회등과 비교하면 누가복음에서는 9회나 나온다. 예수님은 다른 어느 복음서에도 나오지 않는 기도에 대한 비유를 누가복음에서는 세 개의 비유를 제공하신다(11:5-8; 18:1-8, 9-14). 예수님은 자주 그의 제자들에게 기도할 것을 격려하시는 분으로 묘사되고 있다(18:1; 21:36; 22:40). 따라서 누가복음의 한 가지 목적이 그리스도인들에게 어떻게 기도할 것인지를 가르치는 것이라고 생각하는 학자들을 만나는 것은 놀라운 일이 아니다.

예수께서 가르치시는 것은 무엇인가? 앨리슨 트리테스(Allison Trites)는 "누가행전에 있는 기도 주제"(The Prayer-Motif in Luke-Acts)라는 논문에서 누가가 제자들에게 제시하고 있는 기도의 요소들을 기술하려고 노력한다.[14] 한 가지 중요한 특징은 단순히 하나님과의 교제이다. 누가는 예수님을 기도하시기 위해 무리들에게서

---

14) Allison Trites, "The Prayer-Motif in Luke-Acts," in *Perspectives on Luke-Acts*, ed. by Charles H. Talbert, pp. 168-186. 아울러 Wilhelm Ott, *Gebet und Heil: Die Bedeutung der Gebetsparanese in der lukanischen Theologie*. SANT 12(Munich: Kosel-Verlag, 1965); P. T. O'Brien, "Prayer in Luke-Acts," *TB* 24(1973) 111-27.

물러나시는 분으로 묘사하고 있다(5:16). 한 경우에 예수님은 밤이 맞도록 기도하시며(6:12), 그리고 다른 경우에 그러한 기도의 행동은 가끔 "그의 관습"으로 묘사되기도 한다(22:39).

또 하나의 중요한 요소는 청원과 중보기도이다. 이 점에 관해서는 누가가 주로 영적인 목적을 위한 기도에 관심을 가지고 있다. 기도의 목적들은 성령을 받기 위해서(11:13; cf. 마 7:11), 낙심하지 않기 위해서(18:1), 시험에 들지 않기 위해(22:40, 46; cf. 11:4), 그리고 주님의 재림을 준비하기 위해서이다(21:36). 예수께서 모범을 보여주신 것처럼 다른 사람들을 위한 중보기도는 그들의 믿음이 떨어지지 않도록 하는 것이다(22:31-34). 누가는 기도에 있어서 인내와 그리고 이러한 기도의 행위가 계속적으로 행해져야 할 필요성을 강조한다(11:5-8; 21:36). 아울러 그는 기도와 하나님의 구원사 계획의 완성 사이의 관련성을 강조하고 있다.[15] 그는 기도가 트리테스(Trites)가 그리스도의 삶에서 "경축일"로 부르는 것과 연관이 있다는 사실에 주의를 기울이고 있다. 예를 들면, 예수님은 자신이 세례를 받으실 때(3:21)와 또한 변모하실 때(9:28) 기도하고 계시는 분으로 나타난다. 예수님은 열 둘을 선택하시기 전에(6:12), 베드로의 신앙고백을 이끌어 내기 전에(9:18), 그리고 십자가 위에서(23:34, 46) 기도하신다. 이 모든 언급들은 누가복음에만 나오는 것들이다. 분명히 이 복음서 저자는 그리스도인들에게 하나님께서 기도를 통하여 모든 중요한 순간마다 그의 백성들을 인도하신다는 것을 보여주려고 하는 것이다. 누가는 기도를 자기 자신의 소원들을 이룰 수 있는 하나의 수단으로 생각하는 것이 아니다. 하나님의 백성들이 하나님 그분의 계획에 따라 인도함을 받을 수 있으며 보전된다는 수단으로 생각하고 있다.

그러나 누가복음에서 기도에 대한 또 하나의 핵심적인 요소가 있다. 즉 예배, 찬송, 그리고 감사이다. 찬송의 기도는 나머지 신약성경 모두를 합친 것보다 누가의 저작들에서 더 많이 나타난다고 말하

---

15) 이 점은 특히 O'Brien에 의해 강조되었다.

기도 한다. 예수님의 탄생시에 허다한 천사들이 지금은 '지극히 높은 곳에서의 영광'(Gloria in Excelsis, 2:14)으로 불리우는 찬송을 부르며 그리고 목자들은 "자기들에게 이르던 바와 같이 듣고 본 그 모든 것을 인하여 하나님께 영광을 돌리고 찬송하며" 구유에서 돌아갔다(2:20). 이러한 반응들은 누가복음에 특징적인 것이며 그리고 누가는 감사드리기 위해 돌아오는 한 사마리아 문둥병자의 이야기에서 이러한 반응의 적절한 예증에 관심을 기울이고 있다(17:11-18). 심지어 누가는 예수의 십자가 처형도 "하나님께 영광을 돌리는"(23:47) 사건으로 간주하고 있다. 찬송에 대한 누가의 강조는 이른바 그의 "기쁨의 신학"(theology of joy)을 반영하고 있으며, 그리하여 누가는 기쁨을 "그리스도인의 삶의 피할 수 없는 목적"과 그리고 "구원을 얻은 사람의 자연스러운 상태"로 생각하고 있다.[16]

누가복음에서 기도에 대한 대부분의 내용이 예수님과 관계가 있기 때문에, 누가가 기도를 사적인 일이나 개인적인 일로 생각하고 있다는 인상을 받을 수도 있다. 사도행전은 기도를 공동체적인 차원 즉 예배를 충분히 다룸으로써 기도에 대한 이러한 잠재적인 오해를 불식시키고 있다. 트리테스(Trites)는 사도행전의 내용도 살펴본 후 누가복음에 나오는 주제들이 사도행전에서도 다시 나온다는 것을 발견하였다. 다시 한 번 기도는 하나님의 계획을 펼치는 데 있어서 매우 중요한 단계의 특징을 이루고 있다. 그리고 한 번 더 예배, 숭배, 그리고 찬송은 하나님의 백성의 삶을 나타내는 것들이다.

누가가 그의 저작 전체를 통하여 기도와 찬송을 강조하는 한 가지 이유는 그가 목회자이기 때문에 기독교 공동체의 핵심적인 측면이라고 할 수 있는 예배에 관심을 가지고 있는 것으로 추정할 수 있다. 그의 복음서는 예배하고 있는 사람들에 대한 언급으로 시작하고 끝을

---

16) Paul J. Bernadicou, "The Lucan Theology of Joy." *ScEsp* 25(1973): 75-98. 아울러 Navone, pp. 71-87; O'Toole, *Unity*, pp. 225-60도 참조하라.

내며(1:8-9; 24:52-53) 그리고 다른 어떤 신약성경보다 더 많은 예배의식적 내용을 포함하고 있다. 누가는 그리스도인들을 함께 예배드리고 기도하는 사람들로 생각하고 있다.

3. 가르침

사도행전 2:42에서 이상적인 기독교 공동체에 대해 묘사하면서 누가는 교제와 공동식사를 나누는 것과 기도를 포함하여 우리가 지금까지 살펴보았던 그리스도인의 삶의 모든 측면들을 함께 언급하고 있다. 더욱이 누가는 초대 그리스도인들의 또 다른 특징을 언급하고 있다: "저희가 사도의 가르침을 받기를 전혀 힘쓰니라." 이 짧은 요약적 진술은 사도행전 전체에서 확증되고 있는데, 그리스도인들의 집단은 여러 교회 지도자들의 가르침을 듣기 위해 모여드는 사람들로 반복해서 묘사되고 있다.

비록 이 주제에 대한 포괄적인 연구가 나오지는 않았지만, 누가가 "가르침"(teaching)을 그의 복음서에서도 분명하게 나타나는 기독교 공동체의 중요한 측면으로 인식하고 있다는 몇 가지 암시가 있다. 예를 들면 바로 앞 장에서 논의한 마리아에 대한 연구에서, 누가는 예수의 어머니를 제자도의 이상적인 모델로 제시하고 있음을 볼 수 있다.[17] 중요하게도 누가복음에서 마리아에 대한 주요 특징들 중의 하나는 그녀가 하나의 산자로서 성장을 보여주고 있다는 점이다. 그녀는 모든 것을 즉시 이해하지 못한다. 그렇지만 그녀는 기꺼이 들으려고 하며 그 다음에는 자기가 들은 것을 "지키고" 이 모든 말을 "마음에 두고 있다"(2:19, 51). 놀랍게도 이와 동일한 성장의 특징이 예수님에게도 돌려지고 있다는 것이다. 복음서 저자들 중에서 오직 누가만이 예수님을 키가 자라며 "지혜가 자라는" 분으로 묘사하고 있다(2:40, 52) 로버트 태니힐(Robert Tannehill)은 이것을 예수께서 그의 임무(mission)를 발견하는 발전의 과정으로 묘사하고

---

17) Brown, et al. *Mary in the New Testament*.

있다.[18] 소년 예수가 성전에서 랍비들의 말을 듣고 있는 장면(2:46)은 특히 인상적이다.

그리하여 그리스도인의 성장은 누가에게 있어서 중요하며 또한 누가가 그러한 성장을 가르침의 사역과 연결시키는 것은 명백하다. 예수 자신의 제자들은 아마도 이러한 성장에 대한 최상의 모범이 될 것이다. 왜냐하면 그들이 누가의 첫번째 책과 두 번째 책 사이에서 보여주고 있는 성장은 대부분 복음서 끝에서 제시하고 있는 가르치시는 예수님에게 돌릴 수 있기 때문이다(24:27, 45). 그들의 마음이 열려졌으며(24:45) 또한 그들은 전에는 숨겨졌던 것을(9:45) 이제는 깨달을 수 있게 되었다. 예수께서 주시는 가르침의 내용에 대하여 누가는 매우 구체적이다: "모든 성경에 쓴바 자기에 관한 것을 자세히 설명하시니라"(24:27). 그리하여 우리는 누가가 그리스도인의 성장과 공동체에 없어서는 안될 것으로 생각하고 있는 가르침이 근본적으로는 예수님에 대한 전승을 성경에 기초하여 설명하는 것이라고 결론을 내릴 수 있다. 실제로 이것은 종종 사도행전에서 보도되고 있는 교회 지도자들의 가르침을 구성하고 있으며, 그리고 어떤 곳에서는 누가가 한 청중 집단을 다른 청중 집단보다 "더 신사적인" 사람들로 묘사하기도 하는데 왜냐하면 이들은 사도들이 예수에 대한 선포한 말씀이 그러한가를 살펴보기 위해 성경을 상고하기 때문이다(행 17:11).

누가가 모든 그리스도인들이 받기를 원하는 가르침과 그리고 이번에는 그들이 다른 사람들에게 말하기를 원하는 증거 사이에 명백하게 밀접한 관련성이 있다. 리차드 딜론(Richard Dillon)은 누가복음 끝에서 예수께서 그의 제자들에게 주시는 가르침의 중요성을 이제 말씀 그 자체의 사역자들이 되도록 그들을 준비시키는 것으로써 강조하고 있다.[19] 요컨대 증인이 되기를 원하는 사람들은 먼저 가르침을 받아야 한다. 사도행전에서 아볼로라는 인물은 이 점과 관련하여 누가의

---

18) Tannehill, pp. 53-60.
19) Dillon p. 292.

사고에서 훌륭한 모범이 된다. 주님에 대하여 한정된 가르침을 받았기 때문에, 그는 예수님에 대해 정확하게 가르칠 수는 있었지만 그러나 부가적인 가르침을 받은 이후에는 예수께서 그리스도이심을 성경으로부터 보여 줄 수가 있었다(행 18:24-28).

4. 선교(Mission)

기독교 공동체는 궁극적으로 그 자체를 위하여 존재하지는 않는다. 누가에 의하면 교회는 선교하는 공동체이다. 예수님은 그의 제자들에게 "증인"이 되라는 사명을 주셨다(24:48). 이를 위해 성령이 그들에게 능력을 주었다(24:49; 행 1:8). 교회의 임무는 모든 족속에게 예수의 이름으로 회개와 죄 사함을 선포하는 일이다(24:47; 행 1:8).

누가의 저작에서 증인 주제에 대한 가장 중요한 연구가 거의 전적으로 사도행전에 초점을 맞추고 있음을 발견하는 것은 놀라운 일이 아니다.[20] 사도행전은 예수 그리스도를 증거하는 것이 무엇을 의미하는가에 대한 많은 다양한 예증들을 제공하고 있기 때문에 사도행전은 복음전도를 위한 훈련 지침서로 거의 사용될 수도 있다. 사실 이것이 바로 마샬(I. H. Marshall)이 생각하고 있는 바이다. 즉 누가가 사도행전을 기록한 한 가지 이유는 어떻게 증인이 되는가를 그리스도인들에게 가르치기 위해서라는 것이다.[21]

그러면 누가복음은 어떠한가? 마샬(Marshall)이 주장하기를 누가의 첫번째 작품은 기독교 복음전도자들에게 그들의 선포의 내용(content)을 제공해 준다는 것이다. 사도행전과는 달리 누가복음은 기독교 증인을 구성하는 많은 예증들을 제공하지 않는다. 예수께서 선교사들로 파송하는 제자들은 예수 그분이 선포하신 것과 동일한 복

---

20) 예를 들면 Ernst Nellessen, *Zeugnis für Jesus und das Wort: Exegetische Untersuchungen zum lukanischen Zeugnisbegriff*. BBB 43(Bonn: Hanstein, 1976).

21) Marshall, *Luke: Historian and Theologian*, pp. 159-161.

음, 즉 하나님의 나라에 대한 복음(9:2)을 전파한다. 비록 사도행전에서 예수님의 추종자들이 하나님의 나라에 대하여 계속 말했지만, 거기서 그들의 메시지의 중심적 내용은 예수 자신에게 초점을 맞추고 있다. 그러한 변화가 어떻게 일어났는가에 대한 설명은 사도행전 17:7에 나타나 있는데, 여기에서 그리스도인들의 전파는 "임금 곧 예수"에 대한 것으로 요약되고 있다. 따라서 마샬(Marshall)은 기독교 증인의 메시지가 왕국 그 자체에 대해서는 점점 더 적게 되고, 그리고 임금이신 예수님에 대해서는 점점 많아지는 과정을 탐지하고 있다. 게다가 "왕"이라는 칭호는 정치적으로 오해받을 위험성이 있기 때문에, 그 밖에 다양한 칭호들과 개념들이 예수의 의미를 묘사하기 위해서 사용되기에 이르렀다.

그리하여 일괄해서 생각해보면 누가의 두 저작들은 복음전도 사역을 더 진척시키는 목회적 관심사를 나타내기 위해 서로서로 보충하고 있는 것이다. 증인의 주제가 표면화되고 또한 증인의 임무가 묘사되는 곳은 사도행전에서이다. 하지만 선포되어야 할 메시지를 제공하는 것은 누가복음이다. 그 메시지는 예수 자신의 설교뿐만 아니라 예수에 대한 전승도 포함하고 있다.

누가복음은 또한 다른 방식으로 선교에 대한 누가의 관심을 반영하고 있다. 누가복음은 기독교 선포의 내용을 포함하고 있을 뿐 아니라 세상에 대한 교회의 선교의 신학적인 근거도 제시하고 있다. 그 근거는 누가의 첫번째 저작 전체에서 그러한 강조를 나타내고 있는 섬김의 개념에 있다. 사실 누가는 교회의 선교가 그저 교회 자체의 회원 수를 늘리는 것 이상을 포함하고 있으며, 또한 예수에 대한 메시지를 단지 선포하는 것 훨씬 이상을 포함한다고 생각한다. 그리스도인들은 종으로 부름을 받았으며 그리고 그들 자신을 희생해서라도 다른 사람들을 위해 사랑과 자비의 행동을 할 것으로 기대되고 있다.

물론 누가복음은 하나님의 종으로서의 예수에 대한 모범적인 초상을 교회에 제공한다. 뿐만 아니라 누가는 그리스도인들이 제자들에 대한 그의 묘사를 통하여 종됨(servanthood)의 의미를 이해하도록 도움을 준다. 후자의 경우에서 그 교훈들은 대개 부정적이다. 그러나 그의 독자들이 반드시 극복해야 할 것임을 제시함으로써, 누가는 종의 역할을 그들이 받아들이도록 인도하고자 한다.

로버트 태니힐(Robert Tannehill)은 문학으로서의 누가복음에 대한 그의 연구에서 제자들이 이 설화 속의 인물들로 나타나는 세 가지 결점들을 보여주고 있다.[22] 첫째, 그들은 지위에 대한 경쟁에 몰두하고 있으며 또한 그들 중에 누가 가장 크냐에 대해 서로간에 논쟁을 벌이고 있다(9:44-45; 22:24-27). 이러한 다툼들의 외고집은 그러한 다툼들의 문맥에 의해 뒷받침된다. 즉 첫번째 다툼은 수난에 대한 예수님의 첫번째 예고 다음에 일어났다(9:44-45). 그리고 두 번째 다툼은 예수의 죽음이 바로 가까이에 와있는 마지막 만찬에서이다(22:24-27). 게다가 제자들은 그들이 곧 구원을 받을 것이라는 기대를 했다는 점에서 지나치게 낙관적이었다. 그들은 예수께서 예루살렘에 도착했을 때 하나님의 나라가 당장에 나타날 줄로 생각했으며(19:11) 그리고 나중에는 예수께서 부활하신 후 "이스라엘을 회복"하실 것으로 생각하였다(행 1:6). 마지막으로, 제자들은 죽음에 직면하기를 원하지 않았는데, 이는 베드로가 겁에 질려 예수님을 부인한 것에서 가장 분명하게 볼 수 있는 하나의 실패이다(22:54-62).

태니힐(Tannehill)은 이 모든 결점들이 예수님의 고난과 거절의 필연성을 제자들이 이해하지 못한 것에 기인한다고 추정한다. 제자들은 또한 "모든 사람 중에 가장 작은 그이가 큰 자니라"는 예수님의 가르침(9:48)을 이해하지 못했으며 또한 그들은 상급이나 영예를 기대해서는 안된다는 예수님의 경고(17:7-10)를 우려하지도 않았다. 대체로 제자들은 선교에 마음을 두는 것이 아니라 그들 자신의 지위와 행복에 관심이 있었다. 그러나 이 모든 것은 보다 광범위한 사건들의 도식 속에서 변화된다. 진정한 종이 되지못했던 제자들의 여러 가지 문제들은 부활하신 예수께서 그들을 더 깊이 가르치시고 성령의 선물

---

22) *Tannehill*, pp 253-74.

을 그들에게 제공하신 후에야 극복되었다.

그리하여 누가의 목회적 관심에서 볼 때, 누가는 그의 복음서에서 그리스도인들이 그리스도의 증인들로서의 그들의 사명을 완수하기 위해 필요한 태도의 유형을 가르치고 싶어 한것으로 말할 수 있다. 교회의 미래적 지도자들을 종됨의 개념과 싸우고 있는 인물들로 나타냄으로써, 누가는 동일한 문제들을 가질 수도 있는 후대의 신자들에게도 말할 수 있는 것이다. 동시에 궁극적으로 첫번째 제자들에게 일어났던 변화들을 보여줌으로써 그는 또한 후대의 신자들도 어떻게 변화할 수 있으며 또 변화해야 하는가를 보여주고 있는 것이다.

결론

목회자로서 누가는 교회에 가르침을 주기 위해 기록하고 있다. 누가는, 탈버트(Talbert)가 관찰한 대로, 그리스도인들의 형성과 그들의 선교 모두에 관심을 가지고 있다. 그는 그리스도인들에게 여러 가지 권면들과 모범들을 제공하여 그들의 영적인 성장을 도울려고 한다. 동시에 그는 세상 속에서 살아가는 제자도로 그들에게 도전한다. 그리스도인의 삶에 대한 그의 견해는 기쁨에 넘치는 찬양과 겸손한 섬김 모두를 포함한다.

이 장에서 논의한 모든 주제들은 누가복음보다는 사도행전에서 보다 명백하게 진술되어 있다. 이처럼 본 장은 독자들로 하여금 사도행전을 연구할 마음이 나도록 하는 하나의 변화를 제공할 수도 있다. 세 번째 복음서에 대한 어떤 연구도 결국 그 다음의 책으로 인도할 것이다. 왜냐하면 복음서 저자는 분명히 이 두 권의 책이 함께 읽혀지기를 의도하고 있기 때문이다. 첫번째 책은 우선 예수의 이야기를 말하는데 전념하며 그리고 단지 부차적으로만 제자도 및 교회와 관계 있는 문제들에 관심을 기울이고 있다. 그럼에도 불구하고, 우리가 살펴보았듯이, 누가는 그의 첫번째 책에서도 이런 문제들에 대해 생각하고 있음을 보여주고 있다는 점에서는 이들 주제의 발전을 준비하고 있는 것이다. 누가복음 자체는 교회가 바탕을 두고 있는 전승을 나타내고 있으며 그리고 교회는 세상 앞에서 증인이 되도록 부름을 받았다.

맺음말

만일 이 책이 밴 우니크(W. C. van Unnik)가 처음으로 누가행전을 "현대 학계에서 폭풍의 중심"으로 불렀던 시기인 약 25년 전에 쓰여졌다면, 이 책의 초점은 상당히 달랐을 것이다. 그 당시에는 전체 장들을 "종말론", "구원론" 그리고 "구원사" 같은 주제들에 할애했을 것이다. 이러한 문제들이 여전히 오늘날에도 흥미가 있지만, 그러나 이들은 다르게 다루어졌으며 또한 누가 연구의 전체 범위의 한 부분만을 구성하고 있다.

최근의 학계에서 인식될 수 있는 한 가지 경향은 예수에 대한 누가의 초상에 관심이 강화되고 있다는 것이다. 오늘날 위에서 언급한 신학적 주제들은 대개 기독론의 문맥 내에서 토론되고 있다. 학자들은 누가의 예수 이해를 보다 명백하게 규명하기 위해 열심히 노력하고 있으며, 또한 그렇게 노력하는 가운데 그들은 구원과 하나님의 계획에 대한 그의 견해를 살펴보기 위한 새로운 기초를 제공해 주고 있는 것이다.

최근의 연구에서 또 한 가지 강조되는 주요 영역은 두 권의 저작을 구성하는 누가의 목적이 무엇인가 하는 문제이다. 이러한 연구는 복음서 저자의 공동체의 특별한 상황들을 분별하고 아울러 누가의 신학적 관심사들과 이러한 실제적인 관심사들을 관련시키고자 하는 것이다. 콘첼만이 파루시아의 지연을 누가복음의 기록 동기로 생각하는 것은 너무 단순한 설명으로 간주되기에 이르렀다. 다른 차원들도 고려되었는데, 가령 교회와 유대교와의 관계, 교회와 로마 세계와의 관계, 그리고 교회와 영지주의적 영향들과의 관계 등이다. 이 모든 것 배후에는 누가가 진공 상태에서 "신학을 하는 것"이 아니라 실제 사람들의 진정한 관심사들에 대해 신학적으로 응답하고 있다는 전제가 놓여 있는 것이다.

누가의 사회적 상황에 대한 이러한 관심은 그의 사회적 및 정치적 문제들의 진술에 대한 연구의 두드러진 증가와 병행되고 있다. 물론 누가는 그러한 문제들이 자신의 교회에 영향을 미치는 한 이 문제들에 관심을 가졌다. 그러나 많은 학자들은 누가가 여기서 어떤 특별한 적용을 초월하는 언명을 하고 있다고 생각한다. 그는 자신의 공동체를 위해 평화, 평등, 그리고 사회정의의 문제들에 관심을 가졌을지도 모른다. 수많은 최근의 연구들은 사회적 및 정치적 범주들이 전통적인 신학적 범주들과 마찬가지로 이 복음서 저자를 이해하는데 중요할지도 모른다는 것을 언급하고 있다.

지난 25년 동안의 누가 연구에 있어서 가장 중요한 발전은 방법론이 다양해졌다는 것이다. 한편으로 사회적 방법론들은 누가 공동체에 대한 통찰력을 밝히기 위해서 그리고 초기 기독교의 발전에 누가 공동체의 역할을 규명하기 위해 사용되고 있다. 다른 한편으로 문학 비평의 여러 가지 유형들은 누가 저작들의 장르를 고찰하고 있는데, 이 방법론은 누가의 수사적 문체에 관심을 기울이고 있으며, 또한 누가의 설화를 특별한 예술성을 가지고 말한 하나의 일관성 있는 이야기로 읽으려고 한다. 이러한 접근들은 학자들이 전통적인 문제들을 새로운 방식으로 살펴보도록 허용하고 있으며 또한 전에는 거의 고려되지 못했던 주제들에 대한 토론을 개방시켜 놓는다.

학계는 앞으로 나아가고 있다. 어떤 누가 학자들은 누가복음과 사도행전의 공동 저작성이 뜨거운 논쟁의 주제가 되었을 때를 여전히 기억하고 있지만, 그러나 오늘날 이 점에 대해서는 견해가 일치하고 있다. 다른 한편으로 몇 년 전에는 "공관복음서 문제"(Synoptic problem)가 해결되고 또한 누가복음에 대한 어떤 연구도 복음서 저자가 마가복음과 Q를 자료로 사용했다는 가정에서 진행시킬 수 있다고 광범위하게 주장되었다. 이 문제에 대한 토론은 다시 재개되고 있다.

그러면 이와 같은 책이 지금부터 25년이 지나면 어떻게 될 것인가? 물론 이를 예측하는 일은 불가능하다. 그러나 학계의 초점이 연구되고 있는 주제들과 그리고 학자들에게 받아들여지는 접근법 모두에 관하여 계속 변화가 있을 것이라고 기대하는 것은 당연하다. 비록 편집비평과 자료분석(Source analysis)과 같은 전통적인 문제들에 대한 관심이 줄어들 것이라는 아무런 암시는 없지만, 그러나 새로운 방법론들이 아마도 누가 연구의 그 다음 몇 십년 동안에 상당한 역할을 하게 될 것이다. 미래는 아마도 여성 신학자들과 제3세계 학자들로부터 상당수의 논문이 두드러지게 증가할 것이며, 그리고 이러한 연구 논문들이 놀랄만한 새로운 통찰력을 가져다 줄 것이다. 아마도 학자들은 이따금씩 은퇴하는 것과 함께, 또한 계속적으로 중요한 발전을 가져다 줄 것이다. 몇 가지 해결책이 발견될 것이며 또한 보다 많은 문제들이 제기될 것이다. 요컨대 누가복음은 다가올 몇 년 동안 풍성한 연구의 영역이 될 것을 약속한다.

더 깊은 연구를 위하여

Baily, Kenneth. *Poet and Peasant and Through Peasant Eyes. A Literary-Cultural Approach to the Parables in Luke*. Grand Rapids: Eerdmans, 1983(1976, 1980에 출판된 저작들의 결합판). 중동 문화에 대한 저자의 지식에서 끌어낸 설명을 겸하고 있는 누가복음 비유들에 대해 문학적 구조분석을 한 책.

Bock, Darrell. *Proclamation from Prophecy and Pattern. Lucan Old Testament Christology*. Journal for the Study of the New Testament Supplement Series 12. Great Britain: Sheffield Academic Press, 1987. 기독론적 관심사의 관점에서 누가의 구약성경 사용에 대한 연구.

Bovon, Francois. *Luke The Theologian: Thirty-Three Years of Research. (1950-1983)*. Allison Park, PA: Pickwick Publications, 1987. 1978년에 출간된 불어판에서 번역한 최근판. 누가 연구에 대한 상세한 개요.

Brawley, Robert L. *Luke-Acts and the Jews: Conflict, Apology, and Conciliation.* Society of Biblical Literature Monograph Series 33. Atlanta: Scholar Press, 1987. 누가가 이방 그리스도교와 유대교를 연결시켜 유대인들에게 이방 그리스도교를 승인해 달라고 호소하는 것에 대한 논의.

Brocon, Raymond E. *The Birth of the Messiah: A Commentary on the Infancy Narratives in Matthew and Luke.* Garden City, NY: Doubleday, 1979. 누가복음의 유년 이야기에 대한 배경과 구성 역사의 상세한 연구를 포함할 뿐만 아니라, 누가복음의 처음 두 장에 대한 구절별 주석을 한 책.

Brown, Schuyler. *Apostasy and Perseverance in the Theology of Luke.* Analecta biblica 36. Rome: Biblical Institute, 1969. 시험과 믿음에 대한 누가의 개념 연구 및 복음서 저자가 믿을 만한 사도적 전승의 전달을 보증하기 위해 예수의 제자들의 믿음을 강조하고 있다는 논의.

Cadbury, Henry J. *The Making of Luke-Acts.* London: SPCK, 1958. 누가를 당연히 하나의 저술가로 간주하며 또한 그의 두 저작에서 생기는 문학적 과정을 살펴보는 고전적인 연구.

Cassidy, Richard J. *Jesus, Politics, and Society: A Study of Luke's Gospel.* Maryknoll, NY: Orbis, 1978. 누가복음에 제시된 예수님의 정치적 및 사회적 태도가 로마에 의해 위협을 받고 있는 것으로 간주되고 있음을 보여줌으로써 누가복음이 로마제국에 대해 기독교를 변증적으로 제시하고 있다는 콘첼만의 논지를 반박하고 있는 책.

Conzelmann, Hans. *The Theology of St. Luke.* 2nd. ed. London: Faber and Faber, Ltd., 1960(German original, 1957). 특별히 구원사와 종말론에 초점을 맞추고 있는, 탁월한 편집비평을 사용한 누가신학의 한 고전적인 연구.
Danker, Frederick W. *Luke.* 2nd ed. Proclamation Commentaries. Philadelphia: Fortress Press, 1987. 수많은 대학교와 신학교에서 사용하고 있는 누가복음의 표준적인 개론서 누가 저작의 주제적 통일성과 헬라적 배경을 강조하고 있으며, 특히 기독론과 윤리에 관심을 기울이고 있다.
Dawsey, James M. *The Lukan Voice. Confusion and Irony in the Gospel of Luke.* Macon, GA: Mercer University Press, 1988. 누가가 그의 설화에서 의도적인 아이러니를 만들어 내기 위해 "반어적 화자"(ironic narrator)라는 문학적 장치를 사용하고 있다는 주장.
Dillon, Richard J. *From Eye-Witnesses to Ministers of the Word: Tradition and Composition in Luke 24.* Analecta biblica 82. Rome: Biblical Institute, 1978. 부활/승천 설화의 "선교적 초점"(mission focus)에 대해 강조하고 있는 누가복음 마지막 장에 대한 철저한 주석적 연구.
Drury, John. *Tradition and Design in Luke's Gospel. A Study in Early Christian Historiography.* London: Darton, Longman, and Todd, 1976. 누가복음의 구성이 가설적인 Q 자료에 의지한 것이 아니라 마가복음, 구약성경, 그리고 마태복음에 대한 미드라쉬(Midrash)로 설명하려고 시도하는 책.

Edwards, O. C. *Lukes' Story of Jesus*. Philadelphia: Fortress Press, 1981. 누가복음의 기본적인 이야기 노선에 대한 설명으로서, 본서의 저자는 누가복음이 예언의 성취에 의해 가장 잘 이해될 수 있다고 생각한다.

Egelkraut, Helmut L. *Jesus' Mission to Jerusalem: A Redaction Critical Study of the Travel Narrative in the Gospel of Luke, Luke 9:51-19:48*. Europäische Hochschlschriften. Frankfurt: Peter Lang, 1976. 누가복음의 중심 단락 속에 있는 여러 구절들과 이들의 공관복음 전승의 병행구절들에 대한 연구로서 누가 자료의 갈등 주제(conflict motif)를 강조한다.

Ellis, E. Earle. *Eschatology in Luke*. Facet Books. Philadelphia: Fortress Press, 1972. 종말론과 구원사에 대한 누가의 개념을 이해하기 위해 두 단계의 모델(현재와 미래)을 제시한다.

Esler, Philip. *Community and Gospel in Luke-Acts*. Cambridge: Cambridge University Press, 1987. 사회학적 연구에 기초한 통찰력과 편집비평의 통찰력을 결합시키려고 한 누가 공동체에 대한 연구.

Farris, Stephen, *The Hymns of Luke's Infancy Narratives. Their Origin, Meaning and Significance*. Journal for the Study of the New Testament Supplement Series 9. Sheffield, England: JSOT Press, 1985. 마리아의 찬가, 사가랴의 예언, 그리고 시므온의 찬양에 대한 누가 이전의 유대 그리스도교적 기원에 대해 논의하고 있는데, 이들은 누가행전 전체에 걸쳐 되풀이되는 핵심적인 주제들을 예기하고 있다는 것이다.

Flender, Helmut. *St. Luke: Theologian of Redemptive History*. Philadelphia: Fortress Press, 1967(German original, 1965). 누가가 예수의 승귀를 하늘에서 구원의 완성으로 나타내고 있다는 것을 주장함으로써 누가복음의 구원사와 종말론에 대한 콘첼만의 견해에 대해 하나의 대안을 제시하고 있다.

Ford, J. Massyngbaerde. *My Enemy is My Guest: Jesus and Violence in Luke*. Maryknoll, NY: Orbis 1984. 누가가 예수를 비폭력의 옹호자로 나타내고 있다는 것에 대한 논의. 특별히 복음서 저자의 환경의 정치적 상황을 고려하고 있다.

Franklin, Eric, *Christ the Lord. A Study in the Purpose and Theology of Luke-Acts*. Philadelphia: Westminster Press, 1975. 누가의 종말론, 기독론, 그리고 유대인들의 견해와 같은 문제들을 지배적으로 연구하고 있으며, 복음서 저자를 초대 기독교의 주요 흐름 속에 위치시키려고 한다.

Giblin, Charles Homer. *The Destruction of Jerusalem According to Luke's Gospel: A Historical-Typological Moral*. Rome: Biblical Institute, 1985. 누가가 예루살렘의 운명을 예수를 거절한 사람들에게 일어날 수 있는 것에 대해 사회에 경고하는 것으로 이해하고 있다는 주장.

Jervell, Jacob. *Luke and the People of God*. Minneapolis: Augsburg Publishing House, 1972. 누가가 주로 유대 그리스도인들을 위해 다른 유대인들과 이방인들과의 관계에 대한 문제들을 말하면서 기록하고 있다는 필자의 견해를 설명하는 논문모음집.

Johnson, Luke T. *The Literary Function of Possessions in Luke-Acts*. Society of Bilical Literature Dissertation Series 39. Missoula, MT: Scholars Press, 1977. "소

유물"의 주제에 대한 누가의 강조가 부를 어떻게 다루어야 하는가에 대한 문자적인 고려를 능가하는 함축성을 지니고 있다고 주장한다.

Juel, Donald. *Luke-Acts: The Promise of History.* Atlanta: John Knox Press, 1983. Jervell을 따라서 누가의 두 저작을 유대의 위기문학의 체계 내에서 해석하고 있는 누가 행전에 대한 전반적인 개론서.

Karris, Robert J. *Luke: Artist and Theologian. Luke's Passion Account as Literature.* Theological Inquires. New York: Paulist Press, 1985. 누가복음에 있는 문학적인 주제들과 그리고 수난설화에서 이들의 성취에 대한 연구. "믿음", "정의" 그리고 "음식" 등의 주제들이 강조되고 있다.

Kingsbury, Jack Dean. *Jesus Christ in Matthew, Mark and Luke.* Proclamation Commentaries. Philadelphia: Fortress Press, 1981. 예수에 대한 누가의 독특한 묘사와 그리고 마태, 마가, 그리고 Q에 의해 제공되는 예수에 대한 묘사와의 비교를 서술한다.

Maddox, Robert L. *The Purpose of Luke-Acts.* Studies of the New Testament and its World. Edinburgh: T & T Clark, 1985(1982년에 초판 발간). 누가가 왜 두권의 책을 썼는가에 대한 다양한 이론들을 고찰하고 또한 가장 훌륭한 설명은 누가가 유대교의 비난들에 대응하여 그리스도인들에게 그들의 믿음의 타당성을 재확신시키려고 했다는 것이다.

Marshall, I. H. *Luke: Historian and Theologian.* Grand Rapids: Zondervan, 1970. 역사에 대한 누가의 관심을 인식하는 것이 그의 신학, 특히 그의 구원에 대한 개념과 관련하여 적절한 이해를 하는데 필수적이라는 주장.

Minear, Paul. *To Heal and To Reveal. The Prophetic Vocation According to Luke*. New York: The Seabury Press, 1970. 선지자로서의 예수와 예수와 같은 선지자들로서의 제자들에 대한 누가의 이해에 초점을 맞추고 있다.

Navone, John. *Themes of St. Luke*. Rome; Gregorian University Press, 1970. 회심, 기쁨 기도, 그리고 증인 등과 같은 20가지 중요한 주제에 대한 연구 모음집.

Neyrey, Jerome. *The Passion According to Luke: A Redaction Study of Luke's Soteriology*. Theological Inquiries. New York: Paulist Press, 1985. 누가의 수난설화에 대한 철저한 주석적 연구를 제공하는데, 예수님의 진술을 그의 믿음이 다른 사람들을 구원할 수 있는 새 아담의 진술로 해석하고 있다.

Nuttal, Geoffrey F. T*he Moment of Recognition: Luke as Story-Teller*. London: The University of London Athlone, 1978. 이야기를 말하는 누가의 특별한 기술에 관심을 기울이고 있는 간략한 강연을 출판하는 형태로 한 책.

O'Toole, Robert F. *The Unity of Luke's Theology: An Analysis of Luke-Acts*. Good News Studies 9. Wilmington, DE: Michael Glazier, 1984. 누가신학의 주요 주제들에 대한 평이한 설명으로서, 하나님이 예수 안에서 구원을 제공하시며 또한 이에 대해 그리스도인들의 예상되는 응답을 강조하고 있다.

Parsons, Mikeal. *The Departure of Jesus in Luke-Acts. The Ascension Narratives in Context*. Journal for the Study of the New Testament Supplement Series 21. Great Britain: Sheffield Academic Press, 1987.

누가복음 24:50-53과 사도행전 1:1-11을 문학에서의 시작과 결말에 관한 문학 이론에 근거하여 살펴본 통찰력을 제공한다.

Pilgrim, Walter E. *Good News to the Poor: Wealth and Poverty in Luke-Acts*. Minneapolis: Augsburg Publishing House, 1981. 복음서 저자가 부자들과 가난한 자들 모두에게 보내고 싶어하는 메시지에 비추어 소유물을 다루고 있는 누가 자료를 해석한다.

Richardson, Neil, *The Panorama of Luke*. London: Epworth Press, 1982. 누가의 두 저작에 대한 전반적인 개론서.

Sanders, Jack. *The Jews in Luke-Acts*. Philadelphia: Fortress Press, 1987. 누가행전에서 유대인들을 다루고 있는 중요 구절들에 대한 주석을 제공하고 있으며 아울러 세 번째 복음서 저자가 반셈적(anti-Semitic)이라는 결론을 내리고 있다.

Schottroff, Luise, and Wolfgang Stegemann. *Jesus and the Hope of the Poor*. Maryknoll, NY: Orbis, 1986(German original, 1978). 예수께서 가난한 자들과 관계를 맺으셨다는 주제가 초대 기독교 전승 속에 있었음을 재발견하고 그 다음에 이 주제가 Q와 누가복음에서 어떻게 발전되고 있는가를 추적할려는 시도를 하고 있다.

Seccombe, David. *Possessions and the Poor in Luke-Acts*. Studien Zum Neuen Testament und Seiner Umwelt. Linz, 1982. 누가가 이 주제를 다루는 것은 부에 대한 강한 애착이 기독교를 받아들이지 못하게 하는 사람들에 대한 복음적인 설교라고 주장한다.

Sloan, Robert B., Jr. *The Favorable of the Lord: A Study of Jubilary Theology in the Gospel of Luke*. Austin: Scholar, 1977. 누가의 신학에서 희년 개념에 대

한 연구로써 이 주제의 종말론적인 차원을 강조하고 있다.

Soards, Marion. *The Passion According to Luke. The Special Material of Luke 22*. Journal for the Study of the New Testament Supplement Series 14. Sheffield, England: JSOT Press, 1987. 이 장에 있는 비마가 자료가 다른 자료를 사용했다기 보다는 누가가 자신의 자유로운 구성이나 혹은 누가의 구두 전승의 의존에 기인하는 것으로 돌릴 수 있다고 결론을 내리는 편집비평적 분석.

Talbert, Charles H. *Literary Patterns, Theological Themes and the Genre of Luke-Acts*. Society of Biblical Literature Monograph Series 20. Missoula, MT: Scholar Press, 1974. 누가가 그의 두 저작을 구성하면서 사용하고 있는 형식적인 패턴들과 해석상 이들이 가지고 있는 함축성에 대한 분석.

Talbert, Charles H. *Luke and the Gnostics: An Examination of the Lucan Purpose*. Nashville: Abingdon, 1966. 누가가 영지주의에 대한 변호를 하기 위해 그의 복음서를 썼다는 주장.

Tannehill, Robert. *The Narrative Unity of Luke-Acts. A Literary Interpretation. Volume 1: The Gospel According to Luke*. Foundations and Facets. Philadelphia: Fortress Press, 1986. 하나의 연속적인 설화로서의 누가복음에 대한 연구. 모든 개별적인 단화들을 전체 이야기에 비추어 해석하려고 한다.

Tiede, David L. *Prophecy and History in Luke-Acts*. Philadelphia: Fortress Press, 1980. 누가행전을 예루살렘 멸망 후 유대 그리스도인들이 직면한 정체성의 위기(identity crisis)로 다루고자 하는 해석.

Tyson, Joseph. *The Death of Jesus in Luke-Acts*. Columbia, SC: University of South Carolina Press, 1986. 누가행전에 제시되어 있는 예수의 죽음의 방식에 대한 문학적인 연구. 특히 예수와 그의 대적자들 사이의 갈등의 발전과 해결을 강조한다.

Walaskay, Paul. *"And so we came to Rome." The Political Perspective of St. Luke*. Society for New Testament Studies Monograph Series 49. Cambridge: Cambridge University Press, 1983. 누가가 교회/국가의 관계를 증진시키기 위하여 로마제국에 대해 그리스도 교회를 변증하는 역할을 하도록 그의 저작을 썼다는 주장.

Wilson, Stephen G. *The Gentiles and the Gentile Mission in Luke-Acts*. Society for New Testament Studies Monograph Series 23. Cambridge: Cambridge University Press, 1973. 누가의 주요 관심사가 이방인의 유입이 하나님의 뜻에 따라 일어났다는 것을 보여주기 위해서임을 주장하는 이 주제에 대한 깊은 분석.

Wilson, Stephen G. *Luke and the Law*. Society for New Testament Studies Monograph Series 50. Cambridge: Cambridge University Press, 1983. 누가가 유대교 율법을 유대 민족에게만 적용할 수 있으며 따라서 이방 그리스도인 들에게는 구속력이 없는 것으로 생각하고 있다는 주장.

중요한 논문 모음집

Cassidy, Richard J. and Philip J. Sharper, eds. *Political Issues in Luke-Acts*. Maryknoll, NY: Orbis, 1983.

Keck, Leander and J. Louis Martyn, eds. *Studies in Luke-Acts*. Philadelphia: Fortress Press, 1980(originally published in 1966).
Mays, James Luther, ed. *Interpreting the Gospels*. Philadelphia: Fortress Press, 1981.
Talbert, Charles, ed. *Luke-Acts: New Perspectives from the Society of Biblical Literature*. New York: Crossroad, 1984.
Talbert, Charles, ed. *Perspectives on Luke-Acts*. Danville, VA: Association of Baptist Professors of Religion, 1978.
Tyson, Joseph, ed. *Luke-Acts and the Jewish People. Eight Critical Perspectives*. Minneapolis: Augsburg Publishing House, 1988.

주석류

Caird, G. B. *Saint Luke*. Pelican New Testament Commentaries. Great Britain Penguin Books, 1963.
Danker, Frederick. *Jesus and the New Age. A Commentary on St. Luke's Gospel*. Revised Edition. Philadelphia: Fortress Press, 1988.
Ellis, E. Earle. *The Gospel of Luke*. Revised Edition. The New Century Bible Commentary. Grand Rapids: Eerdmans, 1974.
Fitzmyer, Joseph. *The Gospel According to Luke I-IX and Gospel According to Luke X-XXIV*. Anchor Bible. Garden City, Ny: Doubleday, 1981, 1985.
Kilgallen, John. *A Brief Commentary on the Gospel of*

Luke. New York: Paulist Press, 1988.
Marshall, I. H. *Commentary on Luke*. New International Greck Testament Commentary. Grand Rapids: Eerdmans, 1978.
Obach, Robert E. with Albert Kirt, *A Commentary on the Gospel of Luke*. New York: Paulist Press, 1986.
Schweizer, Eduard. *The Good News According to Luke*. Atlanta: John Knox Press, 1984(German original published in 1982).
Talbert, Charles, *Reading Luke. A Literary and Theological Commentary on the Third Gospel*. New York: Crossroad, 1986.
Tiede, David L. *Luke*. Augsburg Commentary on the New Testament. Minneapolis: Augsburg Publishing House, 1988.

CHRISTIAN LITERATURE CRUSADE

사단법인 기독교문서선교회는 청교도적 복음주의신학과 신앙을 선포하는 국제적, 초교파적, 비영리 문서선교기관입니다.

사단법인 기독교문서선교회는 한국교회를 위한 교육, 전도, 교화에 힘쓰고 있습니다.

만일 당신이 예수 그리스도와 그리스도인의 생활에 대하여 알기를 원하시면 지체 말고 서신연락을 주십시오. 주 안에서 기쁜 마음으로 도움을 드리겠습니다.

서울 서초구 방배동 983-2
Tel. (02)586-8761~3

사단법인 기독교문서선교회

21세기 **신학 시리즈** 4
누가복음 신학
What Are They Saying about Luke?

1995년 02월 28일 초판 발행
2017년 09월 18일 초판 5쇄 발행

지 은 이 | 마크 A. 포웰

옮 긴 이 | 배용덕

펴 낸 곳 | 사) 기독교문서선교회
등   록 | 제16-25호(1980. 1. 18)
주   소 | 서울시 서초구 방배로 68
전   화 | 02) 586-8761~3(본사)   031) 942-8761(영업부)
팩   스 | 02) 523-0131(본사)   031) 942-8763(영업부)
홈페이지 | www.clcbook.com
이 메 일 | clckor@gmail.com
온 라 인 | 기업은행 073-000308-04-020, 국민은행 043-01-0379-646
         예금주: 사)기독교문서선교회

ISBN 978-89-341-0490-2 (94230)
ISBN 978-89-341-0686-9 (세트)

※ 낙장 · 파본은 교환해 드립니다.